身辺整理

死ぬまでにやること

森永卓郎

興陽館

もしあなたが
いきなり余命を宣告されたら、
何をするだろうか？
限られた時間の中で
死ぬまでにやらなければならないこととは

何だろうか？

序章　私が身辺整理を進める理由

死ぬまでにやらなければいけない

死ぬとわかってからすぐ「身辺整理」を始めた。

身辺整理とは、身の回りにあるモノや資産、行っている活動を改めて眺め、コレは残しておこう、コレは手放そうと仕分けしながら整理していくことで、終活ともいわれる。残すにせよ、手放すにせよ、生きて来た証ともいえる事柄について、どういう形で区切りをつけるのかと心を整理することにも通じているのだ。

私の場合、身辺整理の対象は、書棚にあふれた本、財産、仕事、家族との関係性などなのだが、特記すべきは今年に入ってから、それを猛スピードで進めて来たということだ。

それというのもがんを発症し、いきなり余命宣告を受けたからだ。

段取りよく身辺整理を進めて行かなければタイムアウトになってしまうという焦燥感を強いられたが、余命宣告というのはいい加減なもので、その後に10年生きた人もいる。実際、私は余命の期日を過ぎた今も精力的に仕事を続けているし、身辺整理もはかどった。

しかし身辺整理を甘く見てはいけない。

身辺整理にはさまざまな壁があるのだ。

予期せぬ事態に遭遇し、そのたびに知恵を使ってなんとか壁を越えてきた。

本書はその記録といえるかもしれない。

私の身辺整理は現在進行形とはいえ思いのほか上手く進み、ほぼ完了といえるところまでたどり着いた。

そもそも、なぜ私が真剣に身辺整理をやろうと考えたのか。

このことに関しては第3章に詳しく書いているが、それは私自身が父の死後、「相続地獄」を経験していたからだ。家族にあんな地獄の苦しみを味わわせてはならない。

そのことに端を発して、きちんと死に支度をしてから逝こうと決めた。

この本を手にとったあなたも身辺整理を検討しているかもしれない。

もしかしたらもう始めているかもしれない。もう遅いと諦めている人もいるかもしれない。

しかし、身辺整理に早過ぎることも遅過ぎることもない。

究極的には、仮に間に合わなかったとしても何とかなる。なるようになるのだ。

ただ人はいつ死ぬとも限らない。

だとすれば元気なうちに自分の後始末は自分でと考えて、今すぐ身辺整理を始めたほうがいいだろう。自分が死んだあとに家族がどんな困難に直面するのか、何が起こるのかと想像してみてほしい。

本書で私が一番伝えたかったのはそのことなのだ。

第1章から具体的な身辺整理の話に入っていくが、人生は何が起こるかわからないということを深く理解していただくために、まずは私のがんに関する経緯をお伝えしておきたい。

いきなりの余命宣告

何の自覚症状もなく、バリバリ働き、食欲も旺盛過ぎるほど旺盛だった私がステージⅣの末期がんだと告知を受けたのは2023年の11月7日のことだった。

今にして思えば前兆があった。

畑仕事をしていた夏のある日、背中に激痛が走ったのだ。ただ翌日には治まったので、特に気にしていなかった。

しかし水面下ではただならぬ異変が起きていた。

私はかつて糖尿病を患っていて、GLP受容体作動薬という注射を日常的に打っていた。ごく短期間だが、インシュリン注射をしたこともあるほど深刻な状態だった。だが、還暦を目前に控えていた2016年にライザップで行った低糖質ダイエットの効果により、89キロあった体重がわずか2カ月で69・5キロまで落ち、それと同時に糖尿病は完治してしまった。

ただ油断は禁物ということで、家の近所の糖尿病専門クリニックで数カ月に一度のペースで、定期検診を受け続けていた。

2023年の10月の定期検診の際、主治医から「平時より5キロ近くも体重が減っている、人間ドックを受けたほうがいい」と促された。

多忙だったから体重が落ちたのだろうと思ったが、主治医が言うならくらいの軽い気持ちで検査に臨むことにした。

人間ドックを受けたのは11月1日。一週間後の7日に妻と検査結果を聞きに行くと、医師はパソコンでCT（体を輪切りにした画像を撮る検査）の映像を示しながら、「この辺りにモヤモヤが確認できます」と極めて静かなトーンで話し始めた。

言われてみれば確かに肝臓に動脈血を供給する肝動脈の辺りにモヤモヤの影が映っている。その映像を指し示して医師はこう告げた。

「どこかにがんがあって、それが浸潤しているとしか考えられません」。さらに「このままだと来年の桜は見られないでしょうね」。

つまり私はがん告知を受けただけでなく、すでに転移していると知らされ、そのうえでハッキリと余命宣告されてしまったのだ。

妻は激しく動揺した。私はと言えば「ああ、そうなのか」と受け止めていた。自分でも不思議なくらい淡々としていて、医師から「森永さん、あなたの話なんですよ」と叱られてしまったほどだ。その時の自分の心境を言葉にするのは難しいが、「人はいつか死ぬ。死なない人は一人もいないのだから」と思っていた。

それが自分の場合、4カ月先なんだなぁという感じだったのだ。

そもそも私は生に対する執着が薄い。

長生きしたいなどと考えたこともなかった。

人生100年時代と言われるようになって久しいが、日本は寝たきり大国なのだ。施設に入所するならもちろんのこと、自宅で介護生活を送るのにも年金では回せないほどの経費がかかる。

たとえ健康であっても資産が尽きてしまうとも限らない。そんな厳しい現実をどう乗り越えるのかをテーマに書いた『長生き地獄』というタイトルの自書もある。長く生きればいいというものではないというのが持論だ。

しかし私は早く死にたいと思っていたわけではない。結論部分を残したまま書き終えていない本のことが気がかりだった。

2024年の3月に出版され、26万部超えのベストセラーになった『書いてはいけない』(発行・三五館シンシャ、発売・フォレスト出版)という書籍で、これだけはどうしても完成させたかった。

この本を世に問うことを人生最後の仕事にしたかった。ただ、9割方執筆は終わっていたので、来年の桜は見られなくても大丈夫だろうと、心のなかでは、計算をしていた。

このまま自分は死ぬんだな

医師の指示で、とりあえず詳しい検査をすることになった。

ＰＥＴ検査（がん細胞が多くのブドウ糖を取り込む性質を利用し、放射性のフッ素を添加したブドウ糖を体内に入れると、全身のどこにがんがあるのかが分かる検査）の結果、胃と膵臓だけに反応がみられた。

胃の反応のほうが強かったので、まず内視鏡で観察するだけでなく、組織を採取して、徹底的に検査したが、がん細胞はまったく出てこなかった。

そこで膵臓がんの可能性が濃厚になり、膵臓を超音波内視鏡で徹底的に調べたが、病変はまったくみられなかった。

胃と膵臓しか候補がないのにどちらでもないとなると、どういう判断が下されるのだろうと思っていたのだが、主治医の見解は「膵臓がんでしょう。膵臓のどこかにがんが隠れているとしか思えない」というものだった。

私は、その診断が納得できなかった。膵臓には何の病変もみられなかっただけでなく、膵臓がんに反応する腫瘍マーカーも正常値だったからだ。

そこで、東京の順天堂大学に出向いて、がんの画像診断の名医に、画像とデータをみてもらった。

セカンドオピニオンを求めたのだが、順天堂大学の医師も、「膵臓がんステージⅣ」という、まったく同じ見立てだった。

それでも納得がいかず、国立がん研究センターでサードオピニオンを求めたが、結果は同じで「膵臓がんステージⅣ」だという。

がんのプロである3人の医師が口をそろえて同じ見解を述べるのだから、これはもう膵臓がんなのだろうと受け入れざるを得なくなった。それが2023年12月のことだ。

だから、私はがん宣告を受けた時期を聞かれると、2023年12月と答えている。

私は膵臓にがんが隠れていることを前提に、膵臓がんを標的にした抗がん剤治療を受けた。年の瀬が迫る12月27日のことだった。

その日、私はいつもどおり午前中にニッポン放送の『垣花正 あなたとハッピー！』の生放送に出演し、その足で電車を利用して抗がん剤治療を受けるべく近所の病院へ向かった。その時までは、すこぶる元気だったのだ。


病院で点滴投与を受けたのは「ゲムシタビン」と「アブラキサン」という2種類の抗がん剤だ。

事前に主治医から「アブラキサン」は副作用が強く、毛が抜け落ちる可能性が高い、ほとんどの人が吐き気に襲われると説明を受けたが、私はすでに毛は薄くなっていたし、我慢強い質なので吐き気も乗り越えられるだろうと楽観的にとらえていた。実際、点滴投与を終えた時点ではなんともなかった。しかしその翌日、容態が急変した。

想像を絶するほど気分が悪くなり、食欲はたちどころに失せた。

驚くほどの速さで生気がなくなり、立っていることもままならない。

横たわっても自分が刻一刻と衰弱しているのがわかった。最悪だったのは2日後の

29日だった。寝込んでから苺を3粒口にしただけの体は弱り切っていて、喋ることさえできなくなっていた。

そればかりか思考能力が失せ、家族の質問に対して一応は「うん」とか「はい」とか答えていたようだが、その実、頭は働いていなかった。

ただ人生の中で初めて「このまま死ぬんだな」と思ったことだけは覚えている。

正直な話、三途の川がくっきり見えたのだ。

どうしても半年は生きたい！

死の淵から救ってくれたのは一種の「気つけ薬」だった。

話は少し遡るが抗がん剤を投与した日の午前中に出演した『垣花正　あなたとハッピー！』の冒頭で、リスナーに膵臓がんステージⅣであることを報告した。

私のもとへは普段から毎日100通を超えるメールが届いていたのだが、がんの報告をして以降、届くメールの数が爆発的に増えた。

励ましと共に、がんの治療法について、とてつもない種類の情報が寄せられたのだ。

私はベッドで朦朧としていたので対応していたのは妻とマネージャーだったのだが、寄せられた情報の中に、これは信憑性がありそうだと判断できるものがあり、一か八か、それに賭けてみようということになった。

患者が殺到すると対処しきれないという事情から、クリニックの名前も薬の名称も明かせないので、ここでは「気つけ薬」を点滴したと記しておく。

膵臓がん用の抗がん剤は絶望的に私の体質に合わなかったが、気つけ薬のほうは奇跡的に大当たりだった。点滴を受ける前は意識が朦朧としていたのだが、翌日の朝には思考能力が回復し、喋ることもできるようになった。

ただ、私は直後から東京の総合病院に2週間の入院をすることになった。がん治療のためではない。

抗がん剤でボロボロになってしまった体を、治療に耐えられるところまで回復させるのが目的だった。

その病室で次男に口述筆記をしてもらい、『書いてはいけない』は完成することができた。ただ気力が戻り、思考に余裕が生まれたのか、やっておきたいことが次々と頭に浮かんできた。

優先順位の一位は獨協大学経済学部の教授としての責任を果たしたいというものだ。獨協大学経済学部では、1年生の秋にゼミ生の選抜が行われる。

森永ゼミも、すでに選抜を終えていたが、ゼミが始まるのは2年生になった4月からだ。

だから、その時点では、森永ゼミの新入生には、私は一度も授業をしていなかった。「すでに仲間入りした新入生を放り出すわけにはいかない」と私は考えたのだ。

しかしゼミ生にモリタクイズムを叩きこむのには少なくとも半年はかかる。

モリタクイズムについては「仕事の終活」の章で詳しく記すが、とにかく半年は生きてゼミの活動を続けたいと、強く思ったのだ。

本当に膵臓がんなのか

都内の病院での2週間の入院生活は、思いのほか忙しかった。

体内の水分量を取り戻すための生理食塩水の点滴、たんぱく質を補給するための点滴を打つほか、定期的に体温を測り、血圧を測り、血中酸素濃度を測り、血糖値を測り、そのたびに3交替勤務の看護師がやってくる。

少しでも熱があると感染症にならないよう抗生物質を投与される。複数の科から医師の巡回訪問があり、その他に薬剤師、管理栄養士、リハビリを行う理学療法士などが朝から夕方まで入れ替わり立ち替わりやってくる。

体力が弱っているので速いスピードで点滴を打つのは危険だということで、朝の6時から夜の8時まで、常に点滴の管と繋がれているというスパゲッティ状態で過ごした。

その甲斐あって、当初は少ししか食べられなかった病院食を完食できるまでになったが、引き換えに失ったものもある。

ベッドの上で微動だにしない状態が続いたために全身の筋肉が急速に落ちてしまったのだ。

体調は戻ったが筋力が衰え、歩くこともままならなくなった。

ライザップ以来、筋トレを7年続けながら維持してきた筋肉が、たった2週間で消滅してしまったのだ。だが、拘束されることが何より嫌いな私は、「もう少し入院したほうがいい」という病院の提案を拒絶して、家に戻った。


退院後、いよいよがんの治療を始めることにしたのだが、入院期間中に、別のクリニックで行った血液パネル検査（血を抜いてアメリカに送り、80種類ほどの遺伝子異変を調べる検査）の結果は衝撃的だった。

KRASという膵臓がんの場合に95パーセントの確率で変異がみられる遺伝子変異がまったくなかったのだ。

つまり私は95パーセントの確率で膵臓がんではないことになった。

膵臓がんに反応する腫瘍マーカーは、さらに低下して、完全に正常値を大きく下回っていた。

もちろん、肝動脈の周りの浸潤された組織からは、がんが検出されているから、体のどこかにがんが潜んでいることは確かだ。だが、どの臓器に原発があるのかはわからない。

そんな厄介ながんに見舞われた私に新たに告げられた病名は「原発不明がんの終末期」だった。最も始末に負えない病状だ。

どこにがんの本体があるのか分からないから、手術も放射線治療もできない。抗がん剤もがんの種類によって異なるから打てない。

治療法は、がんと闘う免疫細胞に働きかけるしかないのだ。

方法は、二つあった。一つはオプジーボだ。

オプジーボは、2018年にノーベル賞を受賞した本庶佑博士によって見出されたがん細胞の鎧を外す力のある免疫治療薬だが、原発不明と認定された場合には、保険診療での投与が可能になる。

ただ、もともと高い薬なので、保険診療の3割負担でも月に20万円ほどの自己負担がある。

私はオプジーボとは別に、NK療法（自分の血液を採取し、免疫細胞を増殖させて体内に戻す血液免疫療法）も並行して行うことにした。こちらのほうは100パーセント自己負担でひと月2回の点滴で100万円ほどかかっている。

つまりいま私は、お金で命を買っている状態なのだ。

これがずっと続くなら問題だが、長くても生きていられるのはあと数年だろうから、治療費は気にしていない。

あの世までお金を持っていくことはできないからだ。

いつ死んでもいいように生きる

この本を書いている現時点（2024年8月）でどのような状況になっているのか

というと、体重は50キロ。小学校6年生の時に60キロを超えていたので、たぶん小学校3年生くらいの時の体重に戻った感じだ。

毎週1キロずつ減っているので、当面の課題は体重減を食い止めることだと考えている。そのためにダイエットしていた時と真逆のことをいまは実践していて、野菜でお腹をいっぱいにしてはいけないので野菜はほとんど食べない。

たんぱく質は肉でとる。

ただ一度にたくさん食べられないので間食もする。

がん患者は糖分をとってはいけないというのだが、そんなことを言っている場合ではないので、糖分の多いスナック菓子でも食べたい気分になればどんどん食べるようにしている。

いま私の体のなかでは、「がん細胞軍団」と「免疫細胞軍団」が関ヶ原合戦のように拮抗している状態だ。

少しでもバランスが崩れてがん細胞が優勢になれば、あっという間に死ぬ。

緊迫感や危機感は拭えないが、だからこそパワーがみなぎっているのだ。

たとえば今でも電車を使って東京のクリニックやラジオ局まで一人で行っているし、ここ1カ月は執筆で、ほぼ毎日徹夜状態だ。

ただ『がっちりマンデー!!』を除いて、テレビにはほとんど出ていない。『書いてはいけない』を出版したことで干されたのだ。

もともと昨年出版した『ザイム真理教』という書籍で、私は、「財務省の財政緊縮主義は、国民を洗脳するカルト教団の手口と同じだ」という指摘をしたため、出版元が決まらなかった。

結局のところ、一人で会社を運営している三五館シンシャの中野長武社長が、「この本は世に出すべきだ。自分はたとえ逮捕されても誰にも迷惑がかからないのでやりましょう」と引き受けてくれたことで出版できたのだが、以降、テレビの報道・情報系番組からの出演要請が大きく減り、そこに『書いてはいけない』で日航123便の真相を取り上げてからは、ピタリと声がかからなくなった。

あるテレビの情報系番組ではプロデューサーから「急遽、番組をリニューアルすることになりまして」と聞かされて番組を降りることになったのだが、翌週その番組を観たところ、リニューアルされていたのは私一人だけだった。

ただラジオ番組と執筆とネットメディアへの出演、そして大学教員としての仕事は続行中だ。

ラジオのリスナーからは「がんだからといって勝手に辞めるんじゃないぞ」という励ましの声が数多く寄せられているため、行けるところまで頑張ろうと決めている。

世の中、現金なもので『書いてはいけない』が半年近くアマゾン総合ランキングでトップを競り合うという大ヒットを受けて、私のところには本の企画が次々に持ち込まれ、長年の課題だった絵本の出版も実現できそうな状況になっている。

書籍で15本、絵本もすでに13本の作成に取り組んでいて、24時間執筆作業に取り組む毎日だ。

周囲の人達はそんな力がどこにあるのかと驚くが、すべきことがあることこそ生きることの原動力になっている。

ある医師が言っていた。

「免疫量は健康状態に比例しますが、免疫の3割はどれだけ前向きに生きているかという精神面の要因に左右されるんですよ」と。それはおそらく事実だ。

ピンピンコロリが理想的だとする人が多いようだが、人は死に方を選べない。むしろ私はがんでよかったこともあると思っている。死に支度をするための時間が与えられているからだ。

いつ死んでも構わないとは思っていないが、いつ死んでもよいように生きる。それが悔いのない人生に繋がっているのだ。

ここからは、

第1章、膨大なモノや本をどう処理したのか
第2章、収集したお宝コレクションのゆくえ
第3章、資産、お金などをどう整理したのか
第4章、仕事はどうするのか
第5章、家族に対する終活

第6章、身辺整理と並行して行う私のアーティスト活動
第7章、死ぬことについてどう思うのか

とカテゴリー分けして私の身辺整理について書いていく。

実際にやってみて初めて気づいたことや、想像を絶するほどの労力が必要なこと、元気なうちにしておけばよかったと思うこともあれば、なるようになるものだと伝えたいこともある。

死生観については第7章に詳しいが、私はある理由から、死んだらそこですべてがおしまい、綺麗さっぱり消滅すると考えている。

忘れ去られるのも怖くはない。

遺骨はゴミと一緒に廃棄処分してもらって構わないと考えているほどだ。

問題は生きているあいだをどう生きるのかなのだ。

私は元気なうちから「死」を意識して生きるべきだと伝えたい。

「死」を意識すれば自ずと今やるべきことが明確になる。

「死」を意識して生きることは極めて前向きなことなのだ。

あなたは明日死ぬとしたら、今日何をするだろう？

本書がみなさんの悔いなき人生を実現するためのヒントになれば嬉しい。

身辺整理　死ぬまでにやること　目次

序章／私が身辺整理を進める理由

第1章／モノは捨てる

第2章／コレクターのケジメ

第3章／資産整理

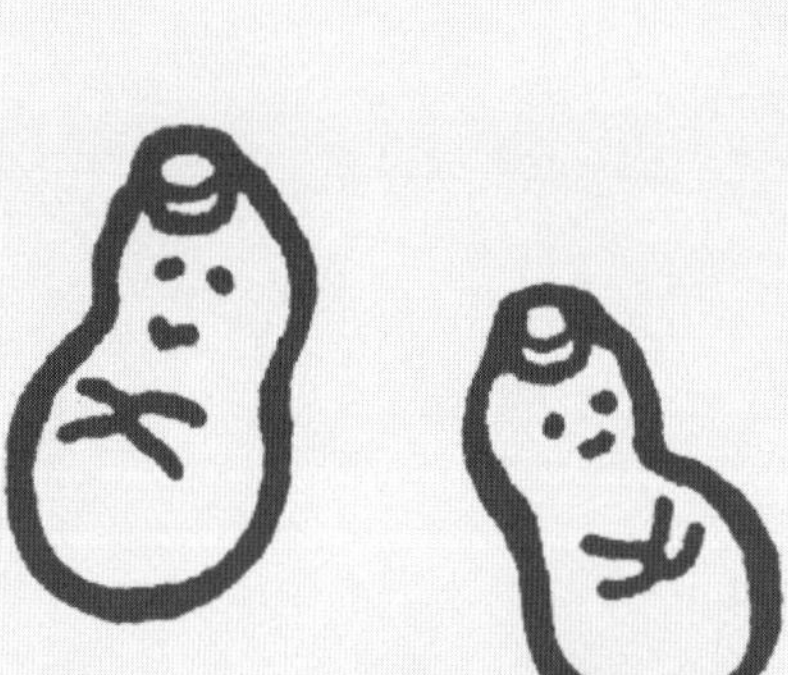

第4章／仕事の終活

第5章／人間関係を片付ける

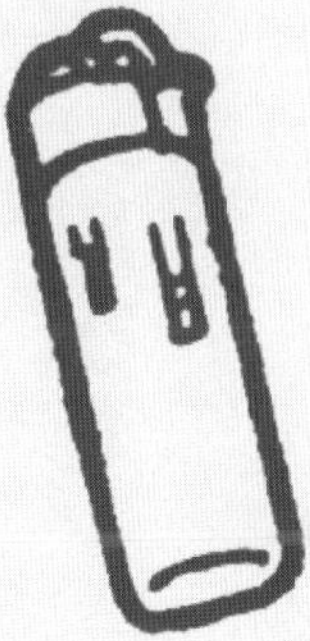

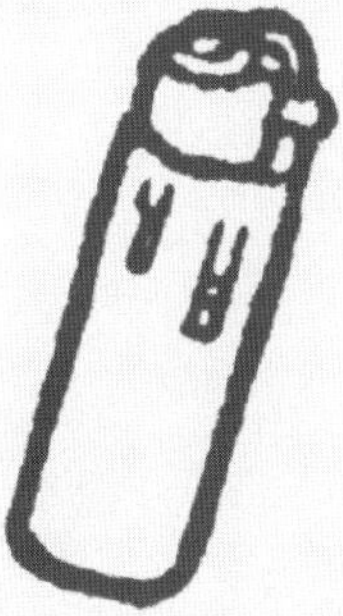

第6章／好きなように自由にやる

第7章／人は死んだらどうなるのか

第1章／

モノは捨てる

数千冊の本を処分する

昨年の暮れに死にかけたところから生還した私は、活力を取り戻した2024年の1月以降、積極的に身辺整理に取り組んできた。

まずはモノの整理の話から始めよう。

7月に獨協大学の研究室にあった本をすべて処分した。

40年以上、経済分析の仕事を続けていると、家の書斎や事務所、大学の研究室にどんどん資料が溜まっていく。特に10畳ほどのスペースの壁一面に設置された研究室の本棚には何千冊にも及ぶ書籍があふれていた。

「自分が死んだら処分してくれ」と家族に言い残すこともできたが、生きている間に自分で処分すべきと考えたのだ。

それには理由がある。数年前に同僚の教授が突然亡くなった。研究室にあった膨大な本や資料は、残された奥さんが研究室に日参して片づけていた。本や資料は重いので、大量に持ち帰ることはできない。

整理はかなりの時間続けられた。


自分が身辺整理をしようという段になって、突然死ならともかく、余命のある自分が「死んだら適当に処分してくれ」と家族に言い残すのは、あまりにも無責任だと思った。

ただ私には自分で本を移動させる体力も時間もない。

そこで合理的に整理を進めることにした。

まずゼミ生の各年次の代表を研究室に招き入れて「欲しい本があれば好きなだけ持ち帰って」と伝えた。

経済に関わる本は、経済学を学ぶ学生に役立ててもらうのが一番だ。

この作業で研究室の本のうち2割くらいは減ったと思う。

数千冊の本

片づけ中

こんなにすっきり

もし私に体力と時間があれば、残りの8割の本を一冊ずつ吟味して、売る本と捨てる本をより分けていたかもしれないが、そこは潔く諦め、引き取り手のない書籍は遺品整理業者に依頼して処分することにした。**遺品整理業者は引き取り品を市場で売却する。書籍の場合はかなりの割合で売却できるので、比較的低コストで引き受けてもらえる。**

回収日当日、業者から派遣された4人の男性がやってきた。

妻も手伝いに来たが、本を棚から下ろして段ボール箱に詰めるので精一杯。

ぎっしりと本の詰まった段ボール箱を持ち上げるなんてことができるわけがない。

一方、プロ達の仕事ぶりは鮮やかだった。

ちょっと蹴飛ばしたくらいでは微動だにしないような重い箱をヒョイヒョイ持ち上げてトラックに積んでいく。

こうして午前中のうちに研究室の本棚からすべての本や資料、そして研究室に残されていた20年間にわたって積みあがった雑貨が消え、研究室は私が最初に借りたときの状態に完全に戻った。

私は荷物を満載した2トン積みトラックを大学から見送った。

お金をかけずにモノを捨てる方法

もちろん業者に依頼すれば経費がかかる。

ネットには、遺品整理や生前整理の広告が溢れているが、実はそこに登場する業者は、費用も、質もピンキリだ。

悪質な業者だと、依頼主に確認せずに大切なものを処分してしまったり、作業中に次々に追加費用を請求して、当初の見積もりの数倍から、下手をするとけた違いの料金を請求してくる。

私もネットでみつけた業者を徹底的にリサーチして、家の近所に拠点を持つ「エコトミー」という新進の「片付けサポーター」に依頼した。

依頼の電話への反応が迅速で、話をすると誠実に仕事に取り組む姿勢が伝わってきたからだ。

実際、作業を担ったスタッフは、とても丁寧に、一生懸命作業をしてくれた。

私の研究室の場合、料金は10万円を下回った。おそらく相場よりもずっと安いと思う。

ただ、実は研究室の整理は、ある意味で、「筋のいい」案件だ。

余計な生活用品はほとんど存在せず、また引き取った本も、その多くが古書店で引き取ってもらえるからだ。ただ、実際に生活していた家財道具を処分するときには、そうは行かない。

生活の基盤となっていた住居の生前整理や遺品整理には、想像を絶するコストがかかってくる。

以前、ある大物俳優が、生前整理をしようと決意した。

長年、芸能界のトップを走り続けてきた人の自宅だから、例えば５００万円もかけて購入した骨董家具もあったという。

それらの貴重品も含めて、業者にまとめて処分を依頼したそうなのだが、結局、儲かるどころか、最終的に80万円の費用を徴収されたそうだ。

私は、芸能人だから足元をみられたのではないかと疑っていたのだが、そうではないことが分かった。

それは、たまたま研究室の片付けと同時期に発生した義母の片付けをみたからだ。義母が住んでいたのは2DKだったが、モノを捨てられない性格なので、家中に使わない生活用品がぎっしり積みあがっていた。

整理業者のスタッフ4人がまず取り掛かったのは、モノの分別だった。

いまは環境規制が厳しいので、ゴミ出しと同様、きちんと分別をしなければならない。この作業が想像を絶する大変さで、結局、朝から夜まで連続で作業して、丸二日の時間を要した。人件費だけで大変なコストだ。

義母の荷物は最終的に、2トン車5台分にも及んだ。そして整理業者は、それを産業廃棄物処理業者に持ち込む。

そこでも処分費用を請求される。結局、義母の場合は、総額数十万円のコストがかかった。

「こんなに荷物の多い人はいませんよね」という私の問いかけに、整理業者は「いや結構たくさんいらっしゃいますよ」と答えた。

「売れるものもあるだろう」と思われるかもしれない。

しかし、売れるものなど、ほとんどないのが現実だ。例えば、義母はたくさんの着物を所有していたが、買い取り業者に持ち込んだところ、査定額がつかなかった。値段がつくのは、大島紬の名品といった貴重品だけだ。普通の家にそんなものはない。

義母の持ち物で、唯一買い取ってもらえたのは、金のアクセサリーだけで、それも純金ではなかったので、何千円かの価値しかなかった。

ただモノを処分するためにかかる経費を節約する方法はある。最初からモノを持たないことだ。

新卒で入社した専売公社に勤めていた頃、先輩が転勤になり、引っ越しの手伝いで社宅を訪ねたときのことだ。

家族持ちだというのにビックリするほどモノがなかった。当初はどうしてこんなにモノが少ないのだろうと不思議に思っていたのだが、当時の専売公社では、頻繁に転勤があるため、防御策としてモノを持たないのだと気づいた。突然転勤を命じられ、2週間後には新任地で仕事を始めないといけない。しかも多い人は、毎年のように転勤を命じられる。そうなったら引っ越しに時間をかけてはいられない。

モノがなければないほど楽なのだ。

逆にいえば、モノはなくても暮らせるということだ。

日頃から最低限のモノで暮らしていれば、一気に断捨離をする必要もないし、モノを捨てるための経費もかからないのだ。

読まない本はどんどん捨てる

もっとも普通に暮らしていればモノは増える。

体は一つしかないが、必要最低限といって服を一着しか持っていない人はまずいないだろう。用途に合わせて、便利さを求めて、モノは自然と増えていく。暮らしというのはそういうものだ。

なかには愛着を覚えるものも出てくる。

結論を先に言えば、愛着のあるものを手放すためには執着心との戦いに打ち勝つしかないのだ。

しかし言うは易しで、執着心を手放すのは難しい。

余命宣告されている私でさえ未練たらしかった。

たとえば愛読していた本、買う時に海外から取り寄せるなど苦労した本、無理して買った高価な本や今ではもう絶版になっている本などは手放すのが忍びないのだ。

もう一つ「もしかしたら、また使うかもしれない」という想いもモノを処分する際の妨げになってしまいがちだが、こちらについては、私はもとより使わなくなったものはどんどん捨てるタイプだ。

いつだったか長男が「家が狭くて置くスペースがないから実家に置かせてくれ」と

って我が家に本の詰まった幾つかの段ボール箱を持ってきたことがある。

スペースを貸すのは構わないと思ったのだが、私は長男に「棚から出して箱詰めした本を読み返すことはたぶんないから処分したらどうか」と提案した。

もしかしたらと思っても、その日はたぶん訪れない。訪れない日のために本をとっておくのは無意味だ。

しかもマンションを借りている場合などは、使わないものを置いておくスペース分の賃料も払っていることになる。

こうしたコストを考えれば、モノはどんどん捨てるに限る。

もしも必要が生じれば、その時はまた買えばいいと考えるのが得策だ。

私は研究室の本をすべて処分した直後に、1990年にジョン・K・ガルブレイスという経済学者が書いた『バブルの物語』という本を引用する必要性に迫られた。

持っていたのに早まったことをした、出版から34年も経っている本を入手するのは大変だと困惑したのだが、結局のところメルカリですぐにみつかり、500円で購入できた。

余命宣告されていようとなかろうと本に限っては捨てるの一手なのだと確信した今、手放した本に対する未練は1ミリもない。

パソコンは一台あればいい

本に続いて20台ほどあったパソコンの処分に着手した。

そもそもなぜ20台も必要だったのかといえば、同時並行で仕事をするからだ。たとえばＺｏｏｍの中継をしながら、いろいろな指示を出すということがあった場合、Ｚｏｏｍをしているのとは違うパソコンで資料を確認したほうが効率的だ。あるいは情報を送ったり、受け取ったりする場合、同じパソコンで行っていると通信が不安定になるので、別だてで持つ必要があるのだ。

中古のノート型パソコンは安く手に入ることもあっていつのまにか台数が増えてしまっていたのだが、使わずに放置している古いパソコンもたくさんあった。

そこで、この先も仕事を続行するのだからゼロにすることはできないが、数台に絞ろうと考えた。

私が回収を依頼したリネットジャパンというパソコン専門のリサイクル業者は、壊れていても、どんなに古いものでもタダで引き取ってくれる。

パソコンは内部の基盤に大量の金を含んでいるため、折からの金価格の高騰という追い風を受けて、無償で引き取ってもらえるのだ。

しかもパソコンが一台あれば、それを入れるダンボール箱の中にパソコンの周辺機器・携帯電話・デジタル家電・

古いパソコンは早めに処分
パソコンは1台にまとめよう

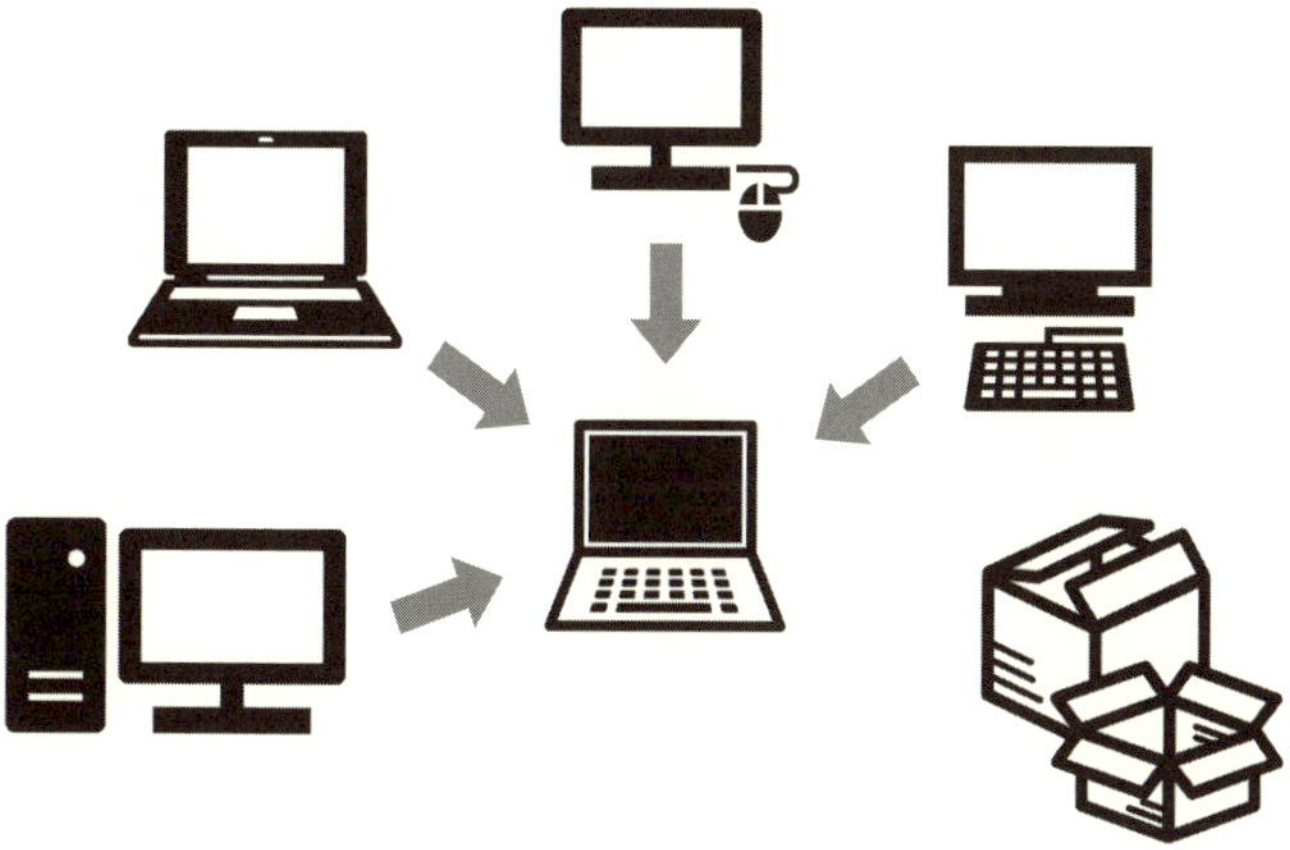

使わないまま放置してませんか？

生活家電などが詰め込み放題だ（一部回収不可能なものもある）。

おかげで私のデジタル機器の生前整理は一気に進んだ。

ただデータは自分で消さなくてはいけない。

これが意外と厄介なのだがリネットジャパンはハードディスクのデータを消すためのソフトを無償で提供してくれる。

それでも消去作業には一台につき数時間かかるのだが、一旦走らせれば自動的にデータを消すことができるのだ。さらに３４９８円を追加で支払えば、データ消去を依頼することも可能だ。

残した数台のパソコンの処理は、私の死後に家族に託すことになる。

私には家族に見られては困るようなデータはないが、誰にも読まれたくない日記をつけていたり、妻に読まれては困るような女性との親密なメールでもやりとりをしている人は、データの消し時を見極めて、自力でできるうちにやっておいたほうがよいだろう。

分別ルール、知っていますか？

服や靴、帽子や鞄などは片っ端から捨てている。

ただ捨てるために分別しなければならない。

地域によってシステムが違うので、自分の暮らす地域の分別ルールを把握しておく必要があるだろう。

私の暮らす地域では自力で清掃工場に持ち込みさえすれば、リサイクル家電を除いて、比較的何でも自由に捨てられるのだが、そうではない自治体も多い。

また、私の住む自治体でも、最低限の分別はしなくてはならない。

ただ私はファッションに関心がないこともあって元から衣類や靴などへの執着がないし、数も少ない。

一軒丸ごとの生前整理となれば、大型家具や電化製品にはじまり、鍋や食器、押し入れの中に眠っている来客用の布団、座布団、子供のために購入したお雛様や端午の節句の一式、絵画や花瓶や育てていた観葉植物、カーテンやブラインド、クローゼットにみっちりと詰まっている衣服もすべて廃棄処分しなければならない。

やはり、普段から少しずつ断捨離を積み重ねていくことは、とても重要なのだ。

モノがなければないほど楽なのだ。
逆にいえば、
モノはなくても
暮らせるということだ。

第2章

コレクターのケジメ

差別されて孤独だった小学校時代

私は自他ともに認める「コレクター」だ。

コレクター歴は60年になる。先に愛着のあるモノは捨てられないと書いたが、集めに集めたコレクションについては、はなから捨てる気などない。

身辺整理の一環として私の死後もコレクションを残すための算段をきちんとつけておこうと考えた。

小学校に入る頃には祖父母からもらうこづかいを貯めては、おもちゃ狙いでグリコを買ったり、年に数回は、高価なミニカーを買ってもらったりしていた。ただコレクター熱に火がついたのは海外へ行ってからだ。

毎日新聞社で記者をしていた父の仕事の関係で、私は小学1年生をボストン、4年生をウィーン、5年生をジュネーブで過ごした。こういうと何やらカッコよく聞こえるかもしれないが、海外で暮らしていた時期は私の人生における黒歴史だ。

　私がボストンへ渡ったのは1964年、日本人の海外渡航が自由化された最初の年だった。

　この時は厳密に言うと、新聞社の仕事ではなく、マスメディアで働く人を対象にした留学生試験に父が合格し、ハーバード大学で学ぶための転居だった。サラリーマン家庭である我が家が裕福だったはずもないのだが、父は、自費で家族全員を帯同した。父は最後まで話さなかったのだが、そのとき相当な借金をしたはずだ。だから小学3

1964年、アメリカに渡航する直前、羽田空港で。左が私。

年生までの我が家はとても貧乏だった。

私は学費の高い日本人学校ではなく、地域にある普通の公立学校へ入学したのだが、言葉が喋れなかったので誰ともコミュニケーションをとれず孤独だった。そのうえ露骨な人種差別に直面した。

これはヨーロッパでもそうだが、白人社会では白人、黒人、その下に位置するのが黄色人種だ。

そのため私は全校生徒から汚いものでも見るような目で見下ろされ、鬼ごっこの時には捕まっても鬼にはならなかった。

なぜかというと、あれは捕まった人間が鬼になるゲームで、黄色人種は「人間ではない」と認識されているので、鬼にはなれないからだ。

だから、海外では、私はずっと孤独だった。

そんな私に唯一の友達ができたのが、小学4年生で転居したウィーンだった。友達といっても、オーストリア人の友達ではない。

ウィーンで最初に買ったミニカー

ウィーンの子供たちは、アメリカ人に輪をかけて日本人を差別した。日本人がそれに気づかないのは、ドイツ語が十分できないからだ。

彼らは、微妙な表現で嫌がらせを言ってくる。京都人を100倍閉鎖的にしたのが、ウィーンの子供たちだった。当然、友達なんてできるはずがない。

ただ、ウィーンへの渡航は父の「仕事」だった。

当時はよい時代で、支局長には日本の給与と海外の給与が二重に支払われていた。

突然、家が裕福になったのだ。

友人ができず、家に引きこもる私を、父は不憫に思ったのだろう。日本ではとても高価だったミニカーを、それこそ毎日買い与えてくれた。ウィーンからジュネーブへの転勤を経て、小学6年生で日本に戻ってきたとき、私のミニカーコレクションは1000台を超えていた。

B級で貧乏でおバカだけどビューティフル

ジュネーブから帰国直後の1970年にトミカが発売され、13歳の私は最初に登場した赤色のトヨタ2000GTを購入したのだが、そこからの6年間はミニカーコレクションから離れていた。中学、高校時代はカメラやギターなどの趣味に関心が向いていたからだ。

さらに大学の受験勉強が重なり、コレクションに費やす時間が取れなかったという事情もある。

大学に入った1976年からコレクションを再開し、主にトミカコレクションに注力した。当時はどこの商店街へ行っても個人経営の玩具店があり、在庫管理がゆるかったので、発売当時のモデルが店頭や店の奥に積まれた在庫の中に残っていた。

そのおかげで私は6年の空白期間があったのにもかかわらず、初期のトミカを定価で手に入れて揃えることができたのだ。

ただ1台だけ、初代のクラウンパトカーは入手困難だった。実車のクラウンがモデルチェンジして通称「クジラクラウン」になったのに準じて、トミカのパトカーもクジラクラウンに交代した。そのため、初代クラウンパトカーは、わずか2年で市場から消えていたのだ。

私は「どうしても欲しい！」と執念を燃やし、血眼になって探し回った結果、やっと見つけ出したが、それは箱のない展示品だった。

コレクターにとっては箱も大事なので、その後も初代クラウンパトカーのパッケージを探していたが、なかなか見つからず、ようやく入手したのはずいぶんとあとになってからだった。

社会人になってからもミニカーコレクションに余念がなかったが、30代に入るとジャンルが広がり、50代に突入した頃には、アニメ少女キャラクターフィギュア、有名人のサイン入り名刺、消費者金融のポケットティッシュ、携帯ストラップ、テレビ局のノベルティ時計、グリコのおもちゃ、空き缶、ボトルキャップ、おもちゃの缶詰、ライター、貯金箱、指人形、マクドナルドの景品、『映画版ドラえもん』の入場者プレゼント、ランチパックやチロルチョコの包み紙、崎陽軒のシウマイ弁当に入っている「ひょうちゃん」醤油入れ、ホテルなどのロゴ入り袋に入った爪楊枝、航空機模型、鉄道模型などを収集するようになっていた。

ジャンルが広がったのはテレビに出演するようになってからだ。

私は1997年にテレビ神奈川の『HAMA大国ナイト』という番組で初めて毎週のレギュラーを務めたのだが、その番組の司会をしていた玩具コレクターの北原照久さんが、毎週毎週いろいろなブリキのおもちゃを持ってきて「いいでしょう?」「可愛いよね」と言うのを聞いているうちに北原菌に感染してしまったのだ。

グリコのおもちゃコレクション

ただ北原さんのお洒落でポップなコレクションと、私のコレクションは、まったく被っていない。

私のコレクションのコンセプトは「みんなが普段の暮らしの中で使っているものの中にこそ美しさがある」というものだ。

だから２０１４年に埼玉県所沢市にオープンした私設博物館に「B宝館」と名づけた。

「B級で貧乏でおバカだけどビューティフル」を略して「B宝館」なのだ。

現在、ジャンルは60種類を超え、約12万点が展示されている。

ちなみにミニカーは3万台ほど展示している。

先日、ギネスブックの公式記録員と話していたら、あと一割ほど展示を増やせば、ギネス入りになるという。

それくらいの台数は、未展示のモノがあるので、やる気になれば、世界一の座はすぐに取れる。またグリコのおもちゃは、これまで3万種類が作られたが、B宝館には、その半数近くが展示してある。こちらは、すでに世界一だ。

B宝館の展示

命がけでお宝をゲットしてきた

私のコレクションは、ある意味、命がけだ。

たとえばコーラの缶が欲しいという場合、しぶとく交渉する。国際線の飛行機に乗るとキャビンアテンダントがカートを押してくるが、カートの中には寄港地で補充した珍しい缶のコーラがあったりするのだ。「全部ください！」と言ったこともあるが、きっぱりと断られた。

ただ2本くらいならくれる。

これを繰り返していると帰路にはスーツケースの中がコーラの缶で一杯になる。そうなるとだいたい50パーセントの確率で税関に引っかかってしまう。取調室に連行されたこともあった。

命がけでゲットしたモノもある。

日本赤十字社が、献血をするとトミカ製の献血車をプレゼントしてくれるキャンペーンがあった。

しかしそのときは、1台ではなく、どうしても2台欲しかった。そこで400ccの成分献血をしたあとに、何食わぬ顔でもう一度献血の列に並んだ。

つまり都合800ccの血を提供したわけで、さすがに貧血状態に陥りフラフラになった。

しかし命がけでゲットしたことが、強い愛着に繋がるのだ。

有名人の「ダジャレグッズ」を集めるのも命がけだ。

世界の大スターには強靭なボディーガードがついていて、やたらと近づくと睨まれる。

トム・クルーズにルーズリーフを差し出してサインしてもらった「トム・クルーズリーフ」の時はヒヤヒヤものだった。

キャメロン・ディアスの時はボディーガードが怖すぎて、一度は引き返したのだが、諦めきれずにテレビ局のディレクターに頼み込んで取材ということにしてもらった。

キャラメルの箱を差し出して「キャラメル・ディアス」と叫んだが、キャメロン・

ディアスは英語を理解しなかった。ただ、サインはしてくれた。

ビートたけしさんに頼んでコケシにサインしてもらった「ビートこけし」に始まった有名人のダジャレグッズは、すでに600人を超えている。訝し気な顔をされることも多々あるが、いちいち心が折れていたらコレクターは務まらない。

行動力も必要だ。

私はホリエモンが「ライブドア事件」で刑務所に入った時に履いていたというサンダルをチャリティーオークションで落札した。

ホリエモンが刑務所に入った時の「755」という番号が書かれており、これもB宝館に展示しているが、それを知ったホリエモンは「森永だけには売りたくなかった」と話したという。

トカイナカで暮らそう

私は、28歳の時に、都心から電車を乗り継ぎ90分ほどかかる埼玉県所沢市の西部に2680万円で中古戸建住宅を購入した。

当時の年収は300万円で、住宅ローンの金利が7パーセントの時代だ。長男が生まれたばかりだったが思い切って踏み切ったのには理由がある。

当時、新卒で入った日本専売公社（現・JT）から出向を命じられ経済企画庁に勤めていた私は、「経済モデル」（方程式で作った経済の模型）を作るという仕事もしていた。

そんな中、近い将来、土地や株が大暴騰するというシミュレーション結果が出てきた。そこで「バブルが来るぞ！」と役所の中で触れ回ったのだが、信用してくれる人は誰一人いなかった。

頭にきた私は「だったら自分で家を買って地価上昇を証明するから」と豪語して実

践したのだ。

当時、私は川崎市に住んでいたのだが、川崎の地価はすでに相当高くて、私には手が出なかった。

そこで、妻の実家に近いほうがいいだろうという考えから所沢の物件にたどり着いた。

我が家の家計は住宅ローンを差し引くと6万円しか残らないという極貧生活に陥ったが、それでも暮らしていけたのはトカイナカだったからだ。

なにしろ物価が安い。

肌感覚では、都心より物価が3割ほど安く、豊かな自然や動物とのふれあいもタダで楽しめる。

このことは拙著『年収300万円時代を生き抜く経済学』（光文社）や『年収200万円でもたのしく暮らせます』（PHPビジネス新書）に詳しいが、給料が上がらない、あるいは年金暮らしなのに物価は上昇する一方の日本で生き抜くためには、暮らしを見直す必要がある。

稼ぎを増やすのではなく、生活コストを下げるのだ。

トカイナカに住めば、その暮らしは、ほぼ自動的に手に入れることができる。テレビ収録などは早朝からということもあれば、深夜にまで及ぶということも少なくない。

そこで2007年に都心のワンルームマンションを事務所として買い、家に戻れない日は事務所で寝泊まりすることにした。

13年にわたって二拠点生活を続けてきた私は、「都心は人の住むところではない」という結論に達した。

確かに都会は便利かもしれない。

おしゃれな飲食店やエンターテインメントがたくさんある。

しかし、都心が魅力的なのは、お金がある人にとってだけだ。

年金生活に入ったら、とてもではないが、そんなコストは、負担しきれないのだ。

トカイナカで暮らしても仕事はできる。

パソコンがあればオンラインでの会議や打ち合わせが可能なのだし、ラジオ出演や原稿の執筆はいくらでもできる。

私が都会にこだわっていたら、B宝館を開設したいという構想も、実現していなかっただろう。

なぜ博物館をつくったのか

私が最初に買った家は予想通りバブル期には3倍の価格になったが、住むための家だったので、バブル期に売却することはできなかった。

ただ、その後、シンクタンクに転職した私の年収は、桁違いに増えた。

コレクションの部屋も作ったため、8LDKという巨大な家になったが、トカイナカなので、都心の狭小住宅の数分の一のコストで済んだ。

しかし、「おもちゃの部屋」もいっぱいになり、倉庫を2カ所に借りることになった。

この頃になると何がどれくらいあるのか自分でも把握できなくなっていたが、もっとスペースが必要なことだけは確かだった。

かくなるうえは博物館を開設するしかないという思いが強まっていったのだ。私のコレクション癖に理解を示していなかった妻は「集めるだけならまだしも、博物館はやりすぎだ」と猛反対だった。

しかし私は博物館構想に向かって貯金すべく、きた仕事は断らないという方針で走り続けた。

当初は秋葉原でと考えていたが、都内の土地が高騰して貯蓄が追いつかず断念した。所沢でもいいと妥協した。ただ結果的にはよかったと思っている。

所沢の中古ビルを丸ごと買い、「B宝館」を開設するのに1億8000万円もかかったのだが、秋葉原だったらその10倍近くかかるだろう。

しかも所沢に作ったおかげで膨大なスペースが確保できた。

B宝館の床面積は200坪、660平米もある。とても都会では確保できない面積なのだ。

B宝館は綺麗なゴミ屋敷

オープンに先駆け、コレクター仲間の女性が2年間住み込みで展示をしてくれた。彼女がリストを制作してくれたおかげで自分のコレクションは60ジャンル、約12万点であると把握することもできた。

B宝館は比類なき博物館だという自負がある。

メキシコからわざわざ飛行機に乗って観に来たという男性は「日本で色々な博物館・美術館を回ったけれど、どこも展示されているモノは金で買い集めたものばかりだ。でもこのミュージアムは、金で買えるものがほとんどない。このミュージアムは世界唯一だ！」と絶賛して、自分が大切にしていたというメキシコプロレスラーのフィギュアを置いて国に帰っていった。

彼の見解は正しい。たとえば昭和を舞台にしたテレビドラマを作るという場合、初期の携帯電話を小道具として使いたいと考えたとする。

しかし、現物はなかなか残っていないのだ。

B宝館には、発売開始以来の携帯電話、ウォークマン、デジタルカメラ、カセットテープ、ラジカセなどの歴代モデルがずらりと並んでいる。もちろん完動品ではなく、見捨てられた中古品だ。

ただ見方を変えれば、B宝館はみんなが捨てたものが山積みになっているだけともいえる。

テレビ番組で、B宝館の映像をみたタレントのヒロミさんが「ここは綺麗なゴミ屋敷だね」と言うのを聞いて言い得て妙だなと思った。

仮に私がコレクションを身辺整理の対象にしようと考えたとしたら、B宝館に展示されている大半のモノはゴミでしかないのだ。

何年か前にテレビ番組が鑑定士と弁護士を連れてきて、丸一日かけてB宝館の「全館鑑定」をしたことがある。最終的な鑑定結果は「ゼロ」だった。さすがにそれはないだろうと食い下がったところ、鑑定士は「中には値のつくものもありますが、大部分の展示品に産業廃棄物の処理費用が掛かるので、全体で言うと実質価値はゼロになってしまうんですよ」と言った。

傍らにいた弁護士がすかさず「相続税がかからなくてよかったじゃないですか」と援護射撃を繰り出したが、私は納得がいかなかった。

ただ、実際に生前整理を進めていくなかで、鑑定士の言っていたことは正しかったのだと思うようになった。

現時点では、B宝館の展示物の全体価値はゼロなのだ。

ただ、「100年経てば、どんなゴミでも宝に変わる」という荒俣宏さんの名言のように、100年後にB宝館は世界遺産に登録されているだろうと私は本気で考えている。

お宝グッズの継承者が決定した！

開館した当初の入場者は一日10人足らずで、年間1000万円近い赤字を垂れ流していたB宝館も、10年を経た今ではコンスタントに一日100人の人が来てくれるようになった。

さすがに人件費は捻出できていないが、直接経費は入場料と物販で賄えるようになっている。

また、B宝館の最大の収入源は、イベント向けのコレクション貸し出しだ。最近で言えば、2024年9月4日から高島屋（大阪店）で6日間開催された日本の70～80年代ポップスの展覧会に、B宝館所蔵のウォークマンなどの音響機器が展示された。

今回は、展示のごく一部を担っただけなので、大きな収入にはならなかったが、少し大きなイベントだと、数百万円単位の貸出料が入ってくる。だから、B宝館を黒字化するのは、さほど困難ではないかもしれない。

問題は私の死後、誰が管理していくのかだったのだが、家族の中でただ一人私のコレクションに理解を示してくれていた次男が引き継ぐと名乗り出てくれた。

彼はIT技術者なので、ホームページを大改革することから始め、積極的に集客数の向上に取り組んでいる。

6月から開館日にはB宝館の店頭にも立つようになり、コレクションに関する知識も着々と積み重ねている。

かくして私がいつ死んでもB宝館の運営を続けられるという状況にもっていけた。これをもってコレクターのケジメはついたと安堵しているところだ。

物価が上昇する一方の日本で
生き抜くためには、
暮らしを見直す必要がある。
稼ぎを増やすのではなく、
生活コストを下げるのだ。

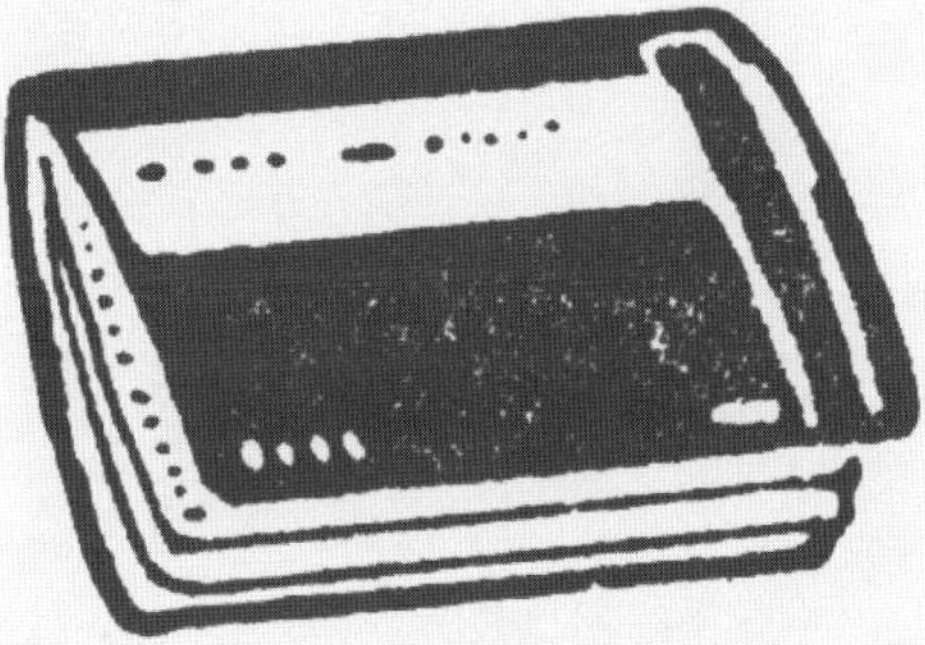

第3章

資産整理

父の死後に経験した相続地獄

序章で触れたように、私は昨年末に投与した抗がん剤が体にあわず、死の淵をさまよった。一命をとりとめ、体調もある程度回復した段階で思い浮かんだのは「資産整理をしなければいけない」ということだった。

資産整理については余命宣告を受ければもちろんのこと、年を重ねていく中で多くの人がたどりつく終活だと思うが、私がことさらに急がなくてはいけないと考えたのには事情があった。

亡き父の資産整理を経験していたからだ。

死後の資産整理がどれほど大変な作業であるかは、やったことのある人でなければわからないだろう。

ここではまず、私が体験した相続地獄の全貌を伝えることから始めたい。

父は２００６年に脳出血で倒れて半身不随になった。

その後、自宅介護を経て施設に入所し、２年後の２０１１年に84歳で他界した。相続の手続きをしながら私は「この地獄のような日々は、あの時すでに始まっていたのだ」と思い起こしていた。

あの時とは２０００年に母が他界した時のことだ。

母はピンピンコロリで旅立った。

３日前に両親がそろって私の自宅を訪ねてきて、みんなで一緒に食事をしたばかりだった。

介護期間の平均……5年1カ月

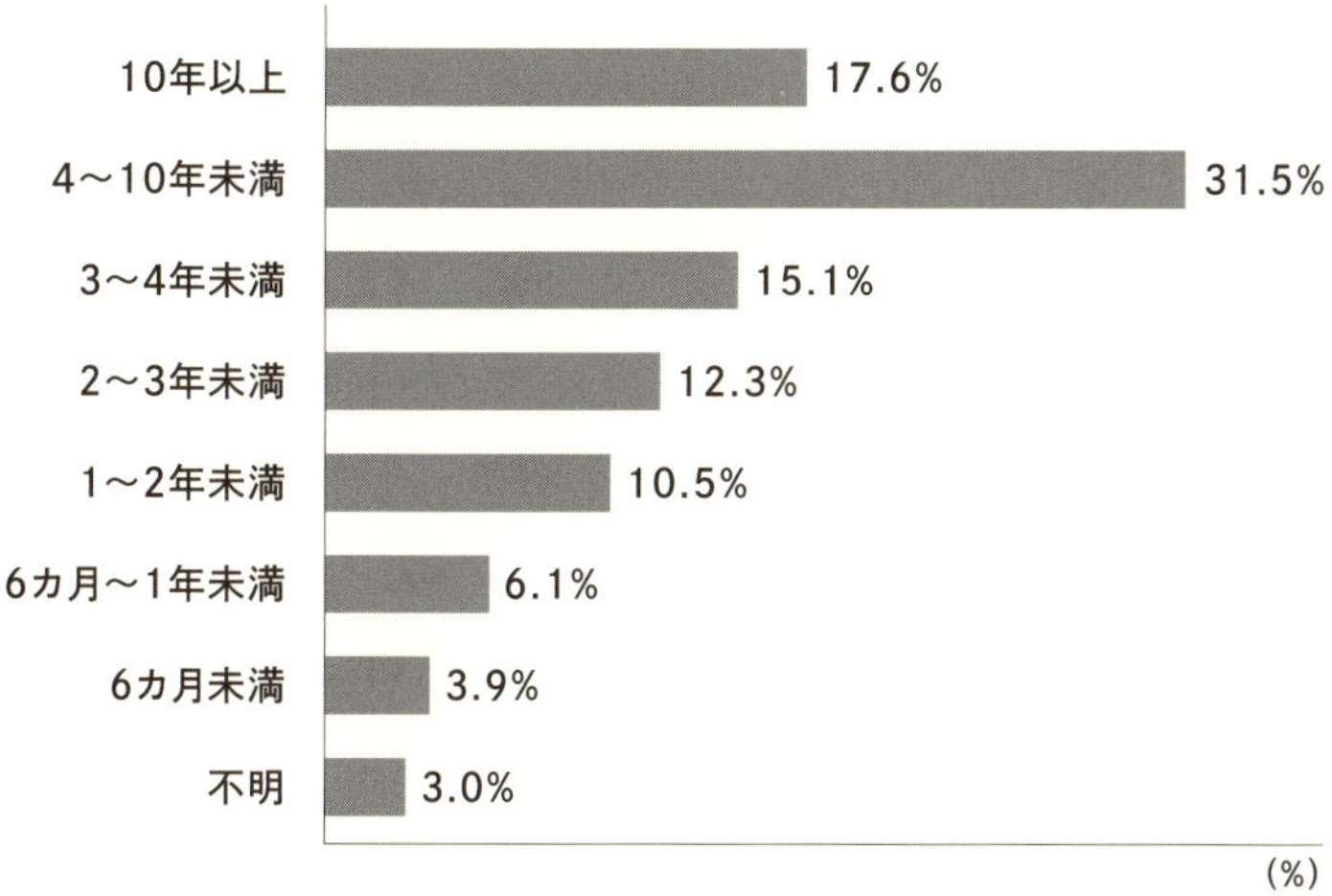

公益財団法人生命保険文化センター「2021年度生命保険に関する全国実態調査」より

だから父から母が総合病院へ運ばれたと連絡を受けた時は耳を疑ったが、私が職場から急いで駆けつけた時、母の息はすでになかった。

医師が下した死因は「糖尿病薬による低血糖に伴う心不全」。母は糖尿病を患っていて、血糖値を下げるための薬を服用していた。

父の話によると、私の家を訪ねてきた翌日に親戚の法事に出席した際、風邪で体調を崩し、食欲がないと言い出した。

問題は食事を断っても糖尿病の治療薬だけは飲み続けていたことだ。

食べずに薬を飲み続けていたことで急激に血糖値が下がって心停止に至ったのだろうというのが医師の見立てだった。

思えば母は生涯に一度も大病院にかかったことのない人だった。

糖尿病に関しても近所の診療所で診断を受け、薬を処方してもらっていたのだ。

死の直前、食べるものも食べずにぐったりとしている母に、父が「病院へ行こう」と勧めた時も「動きたくない」と拒絶し、「救急車を呼ぼう」と提案すると「それだけはやめて」と懇願したという。

この話を聞いて思い出したのは、生前に母が「自分の介護で家族に迷惑をかけたくない」と言っていたことだった。

母は祖母の介護問題を巡って姉妹で深刻な諍いを起こした経験があったため、自分はピンピンコロリで逝きたいと切望していたのだ。

果たしてその通りになったが、私には母が自分の死を予感していたのではないかという気がしてならない。

死の3日前に我が家で食事をした時、母は「明日は三回忌に出席するんだけど、七回忌には私は生きていないから、これが最後なの」と意味深なことを言っていた。死の前日には父に「私の葬儀にお金がかかるから銀行でおろしておいたほうがいいわよ」と言っていたという。

その時、父は一笑に付したというのだが、人はいつ死ぬかわからない。実際、3日前までピンシャンしていた母があっさりと逝ってしまったのだ。

私は父の資産整理をしながら、あの時父が「自分もいつ死ぬかわからない」と危機感を抱いてくれていたら、そして自分で資産整理をしてくれていたらと感じていた。

相続税の落とし穴

大正生まれの父は「男子厨房に入らず」を絵に描いたような人だった。料理も洗濯も家事は何一つできない。つまり母がいなければ一日も暮らせない生き方をしていたのだ。

本人は母の死後「大丈夫だ、一人でやっていける」と言い張っていたが、できるはずがないことは明白だった。

父の子供は私と弟だけなので、どちらかが同居するしかないと考えて相談を切り出したところ、弟の家は狭くて父の部屋を確保できないという。

一方、トカイナカの私の家は8部屋あることから、父は我が家で引き取ることになった。

ただ、それまで両親が暮らしていた新宿区高田馬場のマンションは売却していなかった。父が、いつかは戻って一人暮らしをすると言って、聞かなかったからだ。

父は戦後、毎日新聞で記者として勤めあげたあと、大学で教員職に就いていたので、年金も受給していたし、資産も十分にあった。

だから我が家で父にかかる生活費を請求してもよかったのだが、何のルールも決めずに共同生活を始めてしまい、結果として父が契約するインターネットの通信費や新聞代などの諸経費は私が払い続けた。

そのあとに始まった介護生活に必要な費用も私が負担した。

あとになって私は、父にかかる費用は父に払わせるべきだった、介護費用にしても、私が立て替えた経費についてはきちんと記録しておき、定期的に請求するべきだったと猛省した。特に、父が介護施設に入所したあと、父の普段使いの銀行口座が底をついたため、施設に支払う費用も含めて、父にかかわる費用はすべて我が家が負担した。

ここまでのところを読んで「ケチなことを言うな」「親孝行の一環じゃないか」な

どと思う人がいるかもしれない。

しかし、最終的に我が家が負担した費用は、おそらく数千万円に達している。父にかかる費用を父の資産から支払わせていたら、父の資産は減り、おそらく相続税を払わずに済んだと思う。

ここに相続税の落とし穴があったのだと私が気づいたのは、父の死後、資産整理を始めてからのことだった。

国の構造改革に苦しんで

遺産整理に関わる大切なことを伝えるために、相続地獄に続く我が家の金銭事情についても詳細に記しておく必要があるだろう。

一緒に暮らし始めてからも、父はしょっちゅう高田馬場のマンションへ帰っていた。実家で酔いつぶれるまで飲んで、トカイナカの我が家へ戻ってこないこともあった。

一緒に食事をしていたという友人が、酔いつぶれた父を所沢まで車で送り届けてくれることも珍しくなかった。

だから暮らし始めて6年目のある日、警察から「お父さんが道端で倒れました」と連絡が入った時も、私は「どうせ酔いつぶれたのだろう」と最初は楽観視していたのだ。しかしそれは、とんだ見当違いだった。

父は高田馬場の実家から目白へ買い物に行き、バスで帰ろうと並んでいたバス停で突然クラッときて、その場に倒れ込んだのだという。

たまたま隣にいた人が救急車を呼んでくれて、病院へ搬送されていたのだ。あわてて妻と病院へ行った時には、意識はあったものの、脳出血を起こして、動けない状態だった。

医師からは「出血が脳の右半分で起きたため、思考能力や言語に支障はない。ただし左半身は麻痺します。リハビリをしてもこれまでの生活に戻るのは難しいでしょう」と通告された。

しかし手をこまねいている場合ではないので、総合病院での治療を終えると、所沢の国立リハビリテーションセンターへ移り、リハビリを開始した。すると思いのほかリハビリ効果が現れ、半年ほど経過した頃にはゆっくりとなら歩けるようになった。「もしかすると元の生活に戻れるかもしれない」という希望が見え始めたのだ。

ところがそんな矢先に、主治医から退院を言い渡されてしまう。

私は「せっかくここまで回復して、あと一歩というところまできたのだから、もう少しリハビリを続けさせてほしい」と懇願したがダメだった。

小泉純一郎政権の構造改革によって、「慢性病患者の入院日数は6カ月まで」というルールに改定されたからだという。

この容赦のない構造改革によって、どれだけの人が大きな苦しみを抱えることになったか計り知れない。

父のようにリハビリを中断せざるを得なくなった当事者も哀れだが、家で介助に追われるようになった家族の負担は、肉体的にも精神的にも、そして経済的にも一気に拡大したのだ。

父の場合、介護施設に入るという手もあったのだが、本人が拒絶した。当時、周囲の人に「父は思考能力はしっかりしている」と話すと「よかったね」と言われることが多かったのだが、それはそれで厄介だった。半身不随になった父は一人では何もできないのに口だけは達者で、そのうえ頑固。文句は一流だったのだから。

その時点で父は「要介護4」に認定されていたのだが、「要介護3」が食事や入浴、トイレの際に介護士やヘルパー、あるいは家族の手を借りなければいけないというレベル（現在の私が

平均寿命の年次推移

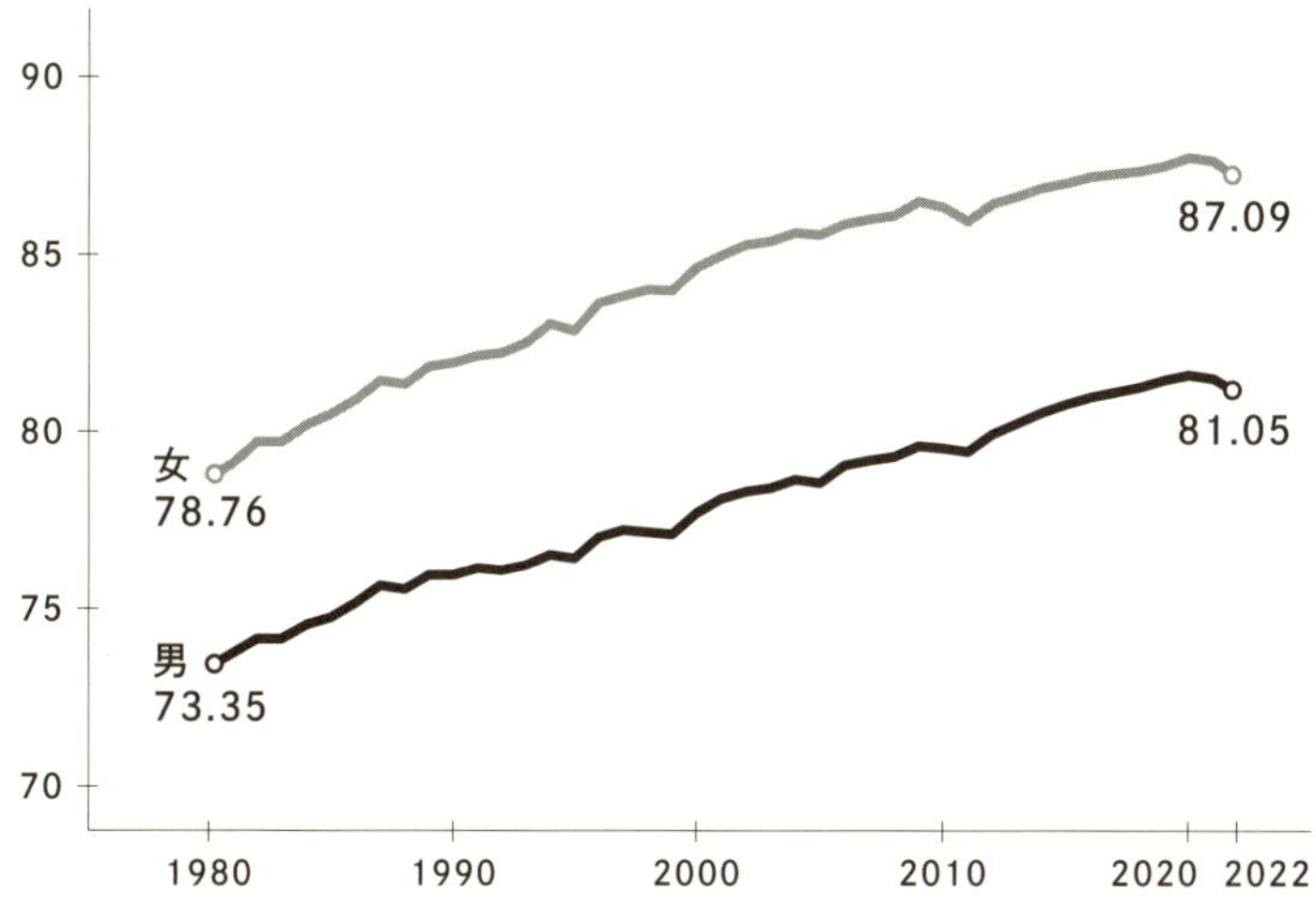

厚生労働省「令和4年簡易生命表の概況」より

要介護3）だ。これが「要介護4」になると、家族が自宅で介護するのは不可能だというレベルなのだ。しかし妻は父が自宅介護を望むのならと腹をくってくれた。

この時期に妻にかけた多大な労力と精神的な負担に関しては、あとの章に譲るとして、父の自宅介護は1年3カ月に及んだ。

ある時、父に横行結腸がんが見つかり手術したのだが、術後の経過が芳しくなかったことから、介護保険適用の老人保健施設に入所することになった。

死んだあとではもう遅い

介護施設に入所してからの費用は、父も納得のうえで本人の口座から引き落とすことになった。

当時、私が把握していた父の預金口座は、引き落としに使っていた一つだけだったが、当然のごとくその口座に入っていたお金はひと月ごとに減っていき、やがて底をついた。

父に「他に預金はないの？」と尋ねたところ、「あるよ」という返事だったので、「幾らあるの？」と訊くと、「たくさんある」と言う。

ところが「その通帳はどこにあるの？」という私の問いかけに対しては、「それは分からない」と答える。何度質問しても同じ答えだ。

そこで単刀直入に「施設の費用の支払い期限が迫っている。このままだと支払いが焦げついちゃうよ」と伝えたところ、「卓郎、お前はいっぱい稼いでるんだから、とりあえずお前が払っておけ」と言い出した。

結果として私は、父の介護施設に払う月額30万円と、リネン費、インターネットの接続代や新聞代などを含めた月額40万円から、多い時で50万円もかかる費用を延々と払い続けることになったのだ。

どんぶり勘定で記録をしていなかったため、父に幾ら私財を投じたのか正確なところはわからないのだが、父の介護が始まってから亡くなるまでで、私の負担はおそらく数千万円に達していたと思われる。

そのことで相続財産が数千万円余分に計上され、それが相続税の金額にも反映された。本来払わなくてもよい税金を支払う羽目になったのだ。

死んだあとでは遅い。

生きているあいだから計画的に対策を進めなければ、相続税負担が、どんどん水ぶくれしていってしまうのだ。

資産整理の期限は10カ月しかない

2011年に起きた東日本大震災の直後に父は他界し、同時にそこから10カ月にわたって続く相続地獄が幕を開けた。

遺産分割協議や相続税の申告は、故人の死亡届けを提出してから10カ月以内に完了しなければいけないと法律で定められている。

1年近くも猶予があるのかと思ってしまいがちだが、10カ月はあっという間に過ぎていく。なにしろ、膨大な手続きが必要なうえに、一つひとつに信じられないほど時間がかかる。

しかも並行して行うことができず、一つクリアしたら、それを持って役所へいって手続きを進めるという具合で牛歩も甚だしいのだ。

ただ私は当初から期限を強く意識していた。

申告期間の10カ月を超過すると、脱税で立件されるケースがある。経済アナリストという肩書で仕事をしている立場上、脱税で捕まるなどという失態は許されない。そんなことになればお金のスペシャリストとして呼ばれるテレビやラジオの出演や講演、経済学部の教員の仕事は奪われてしまうかもしれない。

ちなみに私は節税しようとは、はなから考えていなかった。私はあせっていた。親から相続するお金は、いわばあぶく銭だと考えていたからだ。

余談になるが、結果的に私は父から相続した資産を弟と折半した。

父の介護にかかった金は差し引いたうえでの折半を求めることもできたが、あえてそうはしなかった。

領収書をとっていなかったので、証拠がないし、天から降って来たようなお金に執着して骨肉の争いと化した挙句、ストレスを募らせるようなことになるのは不毛だと考えたのだ。

祖母の介護を巡り姉妹の関係性が崩れたことに心を痛めていた母が、身をもって伝えてくれた教訓だったのかもしれない。

私が犯した最大の失態

相続地獄の話に戻ろう。

父は「預金や株式はあちこちにある」と言っていたので、私は父の資産をあぶり出すことから始めたのだが、初めの一歩で激しく出鼻をくじかれた。

まず出向いたのは父のメインバンクだ。父は銀行から貸金庫を借りていて、私も金庫の鍵を開けられるように手続きをしてくれていた。だから、金庫を開ければ通帳など、父の資産に関するものがすべてあると思い込んでいたのだ。

ところが金庫の中に入っていたのは、大学の卒業証書や思い出の写真といった資産とは無関係のものばかりで、唯一金目のものといえば、現在でも100円ほどの価値しかない第一回東京オリンピックの100円銀貨だけだった。

貸金庫事件のあと、私は高田馬場の実家にこもって、リビングに山積みになっていた郵送物の中から金融機関からのものを探し出す作業に取り組んだ。

父が脳出血になって以来、私が実家に定期的に行ってポストの中の郵送物を取り出すようになった。そうしないとポストが溢れ、空き巣の標的にされかねないからだ。

リビングに積まれていたのは、私がポストから取り出して投げ入れた郵送物の山だった。溜まった郵送物を一つひとつチェックしていくのは、気の遠くなるような作業だった。

こうして父の口座がある可能性のある金融機関を絞り込み、銀行や証券会社などに連絡をして父の口座はないかと問い合わせていったのだが、ここからいよいよ本格的な相続地獄へと突入していく。

情報開示のためには、所定の手続き書類の提出に加えて、相続人全員の合意書と、父が生まれてから死ぬまでに戸籍を置いたすべての市役所の戸籍謄本が必要なのだ。なぜすべての戸籍謄本が必要なのかといえば、隠し子の存在を把握するためだという。

「親父に限って隠し子なんてありえない」と言ったところで通用しない。

しかし自分が生まれる前に親がどこに住んでいて、あるいは小さな頃にどこからどこへ移り住んでいたかをきちんと把握している人がどれほどいるだろうか。

父は佐賀県の出身だったのだが、私が佐賀の役所に出向くのは難しいし、旅費もかかる。そこで父が過去に戸籍を置いていた自治体に電話をかけた。

すると「郵便小為替と返信用封筒を同封して、役所に申請書を提出してください」と言う。

しかも全国統一のフォーマットはないので、父が暮らしていたと思われる自治体に一つずつ申請方法を問い合わせ、いちいち別の文書を作成しなければいけないという不合理を強いられた。

さらに言えば、当時は郵送でのやりとりという方法しかなく、役所から返信が届くまでに早くても1週間はかかる。作業は遅々として進まなかった。

遺産相続の信じがたい壁

父は戦争中には東京の文京区に戸籍を置いていたが、文京区の役所が空襲で焼け、その時に焼けてしまった戸籍は残っていないという壁にもぶつかった。

文京区時代の戸籍は存在しないのだから取り寄せようもない。

そこで文京区の戸籍が欠けたまま金融機関へ書類を持ち込んだところ、「文京区の役所が焼けて戸籍がないという証明書を提出してください」と言われた。

ところが役所に戸籍謄本焼失証明の書式はないという。

そこで幾度も足を運び、どうしたらよいものかと相談しているうちに、1カ月近くたって、ようやく戸籍謄本焼失証明に準ずる書類を発行してくれた。

結局のところ、父は頻繁に本籍を移していたこともあり、生まれてから死ぬまでのすべての戸籍謄本を揃えるという作業だけで3カ月以上の期間を要した。

戸籍謄本問題を乗り越え、ようやく父の持つすべての口座を把握できたと思ったのは、父の死から6カ月後だ。

東日本大震災のあとメディアは一斉に自粛した。

それに伴い私の仕事も次々にキャンセルになっていた時期だったので、何とかやり遂げることができたが、通常だったら、10カ月という申告期限に間に合わなかっただろう。

自分の資産をリストアップしておく

膨大な労力を費やした末に、次々と父の口座を把握していくことができ、全部で数千万円の預金があることがわかった。

ただ、なかには苦労してつきとめた通帳に700円しか入っていないということもあった。

銀行員に「この通帳、どうなさいますか」と尋ねられた私は、咄嗟に椅子から立ち上がり、「放棄します」と言って、銀行を立ち去った。

筆舌に尽くしがたいほどの苦労をもってしても、父が持っていたすべての口座がみつかったかどうかは藪の中だ。

父の死後、業者に依頼して行った遺品整理の荷物に通帳が紛れていた可能性も否めない。

銀行は10年以上、取引が行われていない口座を休眠口座とみなす。その総額は８５０億円にのぼるという。

もちろん口座の持ち主や遺族からの請求があれば払い戻しに応じるが、現実的に払い戻されるのは３５０億円程度で、残りの５００億円は政府に納付される。

知らぬが仏とはいえ、事実上、相続税で１００パーセント持っていかれるのと同じことだ。

父の遺産整理では煮え湯を飲まされた。

資産リストを作成する

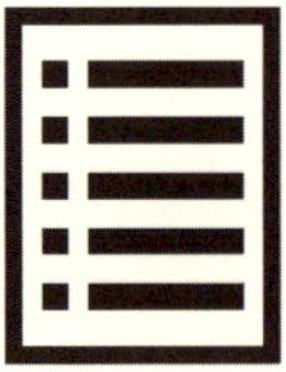

- 金融機関名
- 資産内容
- 通帳の保管場所
- その通帳の印鑑
- 暗証番号

ただ人生に無駄はないと今になってつくづく思う。

相続地獄の経験がなければ遺産整理を甘く見ていただろう。

私の死後、家族を同じ目に遭わせるわけにはいかないという想いも生まれなかったはずだ。

私は父の遺産整理が終わるや否や、自分の預金口座、証券口座リスト作りを開始した。

リストはパソコンのハードディスクに保存していたのだが、数年前に私のパソコンのハードディスクが突然死してしまうという事件も起きた。

妻のパソコンにバックアップしてあったので事なきを得たが、今にして思えば、リスト自体が使い物にならない代物だった。

資産整理の2つのポイント

がんになってから私がまず挑んだのは、預金口座の一本化だ。

リストを作成してあるからと安易に考えていたのだが、これが大変な作業だった。口座と通帳と印鑑。ネット口座の場合は暗証番号が完璧に揃っていないと、本人でさえ金を引き出すのは極めて難しい。

どう難しいのかと言うと、数々の手続きを踏まねばならず、労力と時間がかかるのだ。一本化を実際にやってみると、時代の変化を強く感じた。

父が亡くなった13年前と今とで一番大きく変化したのは金融機関におけるシステムだ。

わかりやすく言うと、父の時は思い立ったタイミングで銀行の店舗へ出向くと銀行員が対応してくれたが、今は完全予約制。

この予約はWEBから行う必要がある。しかも予約が取れるのが、1週間とか2週間先になることもある。

だから、手続きにとてつもない時間がかかるのだ。

予約ができて、銀行へ出向く日が決まっても安心するのはまだ早い。

私の場合、思わぬ壁に直面した。

　昔は銀行で口座を開設した時に使用した印影が通帳に載っていたが、今はセキュリティ対策で、通帳自体に印影を残さなくなった。そのため、どの通帳にどの印を使ったのかわからなくなっていたのだ。ちなみに我が家には印鑑が11本もあった。

　この場合、可能性のある印鑑を銀行で一つずつ試してみるしかないのだが、ここで注意すべきは思い込みだ。

　思い込みとは怖いもので、こんな猫ちゃんのイラストの入った印鑑を通帳に使用するはずがないと候補から外し

預金口座は一本化する

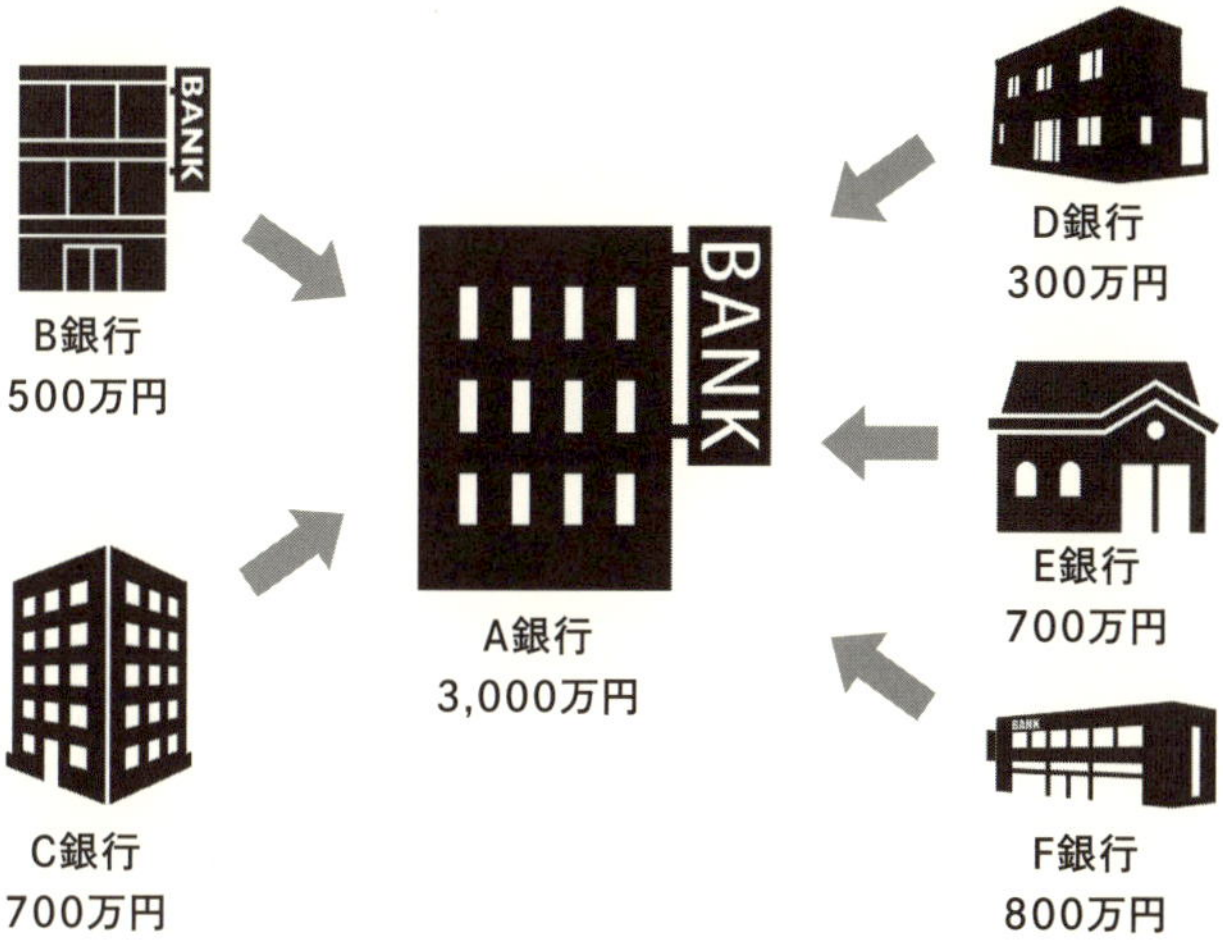

て銀行に出かけたことがあった。最終的には、そのイラスト入りの印鑑が通帳印だった。

どうしてもわからないという時は印鑑変更をする必要があるのだが、同じ「銀行」というカテゴリーであっても、本人確認が必要だと身分証明の提示を求められるところもあれば、求められないところもある。すぐにやってくれるところもあれば、何日もかかるところもある。

忍耐力も求められる。

私は2024年6月にすべての銀行

どの印鑑なのか？

回りの手続きを終えた。だが、ただ一つ、暗証番号がわからなくなってしまったネットバンクが残っていて、ここは、暗証番号を変更できるまで、4週間もかかった。

ここで私の経験から資産整理のポイントを伝えると、

①資産リストは金融機関名と資産内容だけでなく、通帳の保管場所、その通帳で口座を開いた時に使った印鑑、暗証番号をセットとして捉え、資産リストを完璧にしておくこと。

②通帳を一本化する場合には、思いのほか時間がかかることを考慮したうえで、なるべく早い段階で動き始めること。

この2点を守ることが必須だと思う。

最優先の生前整理は、新NISAの解約と投資からの撤退

私には、銀行とは別に証券会社との取引もあった。

ただ、私はもうすぐバブルが崩壊して株価が暴落すると判断しているので、株式に関しては数年前から少しずつ処分を進めていた。

最近は株価が乱高下するようになっているが、これはバブル崩壊の前兆だ。

一度バブル崩壊が始まると、株価の下落は長期間続く。例えば1929年のニューヨークダウ下落は3年近く続き、株価は8割以上下落した。1989年末から始まった日本の株価暴落は9年近く続き、この時も株価は8割以上下落した。

新NISAが始まって、世界株やアメリカ株の投資信託に、すでに国民のお金が10兆円も流れている。

しかし、そうした投資は、カネをドブに捨てるようなものだ。バブル崩壊にともなって株価が大幅に下落するだけでなく、今後の円高も加わって、投資資産の価値が9

割以上棄損するとみられるからだ。

このところ続いている円安は、日米金利差が原因だとか、日本の国力低下が原因だと、いい加減なことを言う「経済の専門家」が多いが、それは真っ赤なウソだ。

為替レートは、単に通貨の交換比率で、一時的には投機によって相場が大きく変動するが、長期的にみると、同じものが同じ価格で買える「購買力平価」に落ち着いていく。IMF（国際通貨基金）が2024年の世界経済見通しのなかで明らかにした円ドル為替の購買力平価は91円だ。

つまり、今後、とてつもない円高が待ち受けていることになるのだ。

だから、私は最近、「日経平均株価は3000円まで下落する可能性が高い」という警告をずっと続けてきた。

だが、誰も聞く耳を持ってくれない。40年前にバブル到来を警告したのに誰も聞いてくれなかったのと同じ状況がいま起きている。

実は、私が40年以上ずっと追いかけてきた研究テーマは、「人はなぜ狂うのか」ということだ。バブル期には陶酔的熱狂（ユーフォリア）と呼ばれる状態に多くの人が陥る。

1630年代のオランダでは、チューリップの球根一つに数千万円の価格がついた。それでも、誰もおかしいと思わない。

いまも、例えばエヌビディアという半導体メーカー1社の時価総額が、日本のGDPと肩を並べるようになっても、誰もおかしいと思わない。

東京23区の新築マンションの平均分譲価格が1億円を超えても、誰もおかしいと思わない。しかし、その過剰な評価は、ある日突然、音を立てて崩れていく。しかも、そのときは、株価や不動産価格だけでなく、暗号資産や穀物や原油など、投資が可能な資産の価格は、軒並み下落していく。

値下がりしないのは、現金と借金だけだ。

だから、新NISAの口座はいますぐ解約して、二度と投資に手を出してはならない。

それが、老後生活を守るカギであり、最も重要な生前整理になるのだ。

ただ、株は買うより売るほうが100倍難しい。

特に上げ相場の時はどんどん値段が上がっていくので、保持してしまいがちだ。私自身も過去最高値の更新が続く中、決断が鈍っていた。

結局のところ、私は2024年7月12日に株主優待がどうしても必要な株を除いて、すべての株や外貨資産を売却した。

なぜ優待のある株を残したのかと言うと、たとえば玩具メーカーであるタカラトミーの株を持っていると、年に一度、オリジナルの「トミカ」と「リカちゃん」が送られてくる。それをB宝館に展示しているので、どうしても必要なのだ。

株や投信は躊躇なく処分しよう!

すべての株や投資信託、外国債券などを処分した結果、とてつもない利益が転がり込んできた。

もちろんバブル崩壊の時期を予測できたからではない。たまたま生前整理の一環として売却したタイミングがよかっただけだ。

だが、為替レートは160円くらいだったし、日経平均株価は4万1000円台だった。つまりドルが高く、株価も高い時期だったので、運よく数千万円ものあぶく銭が転がり込んできたのだ。

私は現在、高額医療で生きながらえている。この治療費に月額100万円以上の自己負担がかかっている。

どれくらい生きながらえることができるかは分からないが、バブルのおかげで、数年分の治療費を余分に確保することができた。

私の会社には本の印税やテレビ出演などで稼いだ金が潤沢にプールされているが、それはあくまでも会社の金であって、私自身は会社から給料をもらっているだけだ。

当然、会社の資金で医療費の支払いはできない。

ただ、個人の投資資産を処分して手にした資金は、すべて医療費につぎ込める。バブルで稼いだ金が、点滴薬に変身するというのもおかしな話だが、それが私の延命につながっていることは、間違いない。

私の高額治療費は、いまなお投資資産を抱えている投資家たちが、最後にバブル崩壊のババを引くことで負担することになるのだ。

人類史上最大の世界的バブルが続くなか、政府は、「貯蓄から投資へ」というキャッチフレーズで投資を扇動している。2024年8月からは、金融経済教育推進機構（J-FLEC）が本格稼働し、国民の税金を使って、国民をギャンブル中毒に陥れる活動を強化している。

今後、年金額は減少の一途をたどる。

国は、年金だけでは足りない穴を何で埋めるかといったら「投資しかない」と、老後資金でギャンブルをすることを国民に脅迫しているのだ。

断言するが、私はまだ株価が高値を維持している今こそ投資から完全に手を引く最後のチャンスだと考えている。

「投資」を生前整理することが、老後生活を守るための最優先事項になるのだ。

資産整理を終えて思うこと

いずれにしても投資はギャンブルだ。

だから特に中高年以降は絶対に手を出してはならない。

懸命に貯めた老後の資金が増えるどころか、全損になってしまう可能性もある。若ければまた一から働いて貯蓄すればよいかもしれないが、中高年以降はやり直しがきかない。

だから、年金と今ある貯金で暮らす方法を考えるべきであって、カネにカネを稼がせて楽に暮らしたいなどという欲望は捨てたほうがよい。人の欲につけこむのが詐欺師の常套手段なので、欲があると騙されやすいのだ。

私は2023年の著名人の名を騙ったSNS型投資詐欺に、最も名前が使われた経験を持っている。

大きく報じられていたので知っている人も多いと思うが、私の免許証を偽造したり、

ＡＩで私の音声を作って勧誘するなど手口が実に巧妙で、たくさんの人が被害に遭ってしまった。

これからも詐欺師はあの手この手で忍び寄ってくるだろう。防御する手立てはただ一つ。おいしい話に耳を貸さないことだ。

なぜ人々が陶酔的熱狂に陥るのか、なぜバブルの発生・崩壊が避けられないのか、老後の資金をどうやって確保するのかといった詳細に関しては、近著の『投資依存症』（三五館シンシャ）で詳述したので、ぜひ読んでいただきたいのだが、アルコール依存症にせよ、薬物依存症にせよ、一度依存症が深刻化すると、その治療には長い時間とコストが必要になる。

だから、最近投資を始めて、病歴の浅い人は、完全に投資との関係を断ち切れば、立ち直れる可能性は十分ある。「少しくらいの投資ならいいだろう」と高をくくってはならない。

アルコール依存症患者の治療の第一歩は、一滴たりともアルコールを飲まないことから始まるのだ。

かくいう私も偉そうなことは言えない。

実は今になって株主優待のある株も売っておけばよかったなどと、いまは未練たらしく思っている。もしもがんになっていなかったら、今も株を持ち続けていただろう。

しかし手放したら、不安から解放されたことも事実だ。

金は生きるための手段であって、金を貯めるために生きているのではないということは常に思いながら生きてきた。

貯蓄高と幸せ度は比例しないのだ。だから金に振り回されてはいけない。

遺族にたくさん残してやりたいなどと思うのはナンセンスだ。下手に残せば骨肉の争いになりかねない。

第一、死ねば何もかもがゼロになる。

あの世にまでお金をもっていくことは、不可能だという事実をしっかり見つめてほしい。

中高年以降はやり直しがきかない。
だから年金と
今ある貯金で暮らす方法を
考えるべきである。

第4章

仕事の終活

職歴を振り返ってみた

仕事の終活という身辺整理をするまえに、まずは自分の職歴を振り返ってみた。

１９８０年　日本専売公社入社　管理調整本部主計課配属　23歳
予測研究員として日本経済研究センターに出向（82～83）
日本専売公社渋谷営業所勤務（83～84）
経済企画庁総合計画局へ出向　労働力及び人的能力担当計画官付委嘱調査員（84～86）
※１９８５年　日本専売公社民営化により、ＪＴ日本たばこ産業株式会社と改名
１９８６年　ＪＴ日本たばこ産業株式会社　製造本部製造企画課配属
三井情報開発株式会社総合研究所（出向）研究員（86～88）
１９８８年　三井情報開発株式会社総合研究所入社　副主任研究員（88～91）

１９９１年　株式会社三和総合研究所入社　34歳
研究開発部副主任研究員（91〜92）
研究開発部主任研究員（92〜93）
研究開発部（経済・産業・社会政策）主任研究員（93〜）
経済・社会政策室　室長兼主任研究員（97〜）
経済・社会政策室　室長兼主席研究員（98〜）
経済・社会政策部　部長兼主席研究員（00〜）
※１９９０年代からメディアに出演するようになる
※２００２年　三和総合研究所と東海総研が合併し、ＵＦＪ総合研究所となる
２００２年　株式会社ＵＦＪ総合研究所
経済・社会政策部　部長兼主席研究員（02〜）
※ＵＦＪ総合研究所が三菱ＵＦＪリサーチ＆コンサルティング株式会社と社名変更
三菱ＵＦＪリサーチ＆コンサルティング株式会社　客員研究員（05〜07）

2006年　獨協大学　経済学部教授　49歳〜現職

ずいぶんと職場を変えてきたと感じる人がいるかもしれないが、出向したり、民営化によって社名が変わったり、合併したことで新たな会社に生まれ変わったりしているだけで、会社員としての転職経験は3度だけだ。

しかも専売公社時代に1年営業経験があるだけで、職業人生のほぼすべてが経済関連の調査研究だった。

東京大学経済学部の出身である私は、新卒入社した当初から経済畑の仕事に従事したが、別に自分で望んでいたわけではない。

ただ経済アナリストとして生きている今となってはありがたい展開だった。

44年前、日本専売公社に入社して管理調整本部主計課に配属された日、私は人生の大転機を迎えていたのだ。

誰にも忖度しない

いまやる、すぐにやる、好きなようにやる。

これが社会人として貫いてきた私の信条だ。

今、私は仕事に関してやり残していることはないと断言できるのだが、それはゲームを楽しむような感覚で自由に楽しく仕事に取り組んできたからだろう。

しかしずっと自由に楽しくやってきたわけではない。「いろいろなことがあったじゃないか」と職の履歴書が語りかけてくるのだ。

よくよく考えてみれば、新入社員の頃は、組織の中で好きなことをするためにはどうすればよいのかを模索していたし、営業をしていた時に得意先の意向に忖度したことがないとはいえない。

気の合わない上司や頭の悪い上司に悩まされたこともあったし、結婚して親になってからは、「こんな仕事はしたくない」と思いながらも、家族を養っていくことを優先していた時期もある。

ただ、いまから20年前、長男が成人したのをきっかけに、私は子育ての責任から解放されたと考え、シンクタンクを辞めて、自分の「自由」を優先する暮らしに舵を切った。そして、2年前からは、公的年金をもらえるようになったので、忖度を一切やめて、さらなる自由を手にした。

ただ、実はいま振り返ってみると、私の職業人生は、その時点の制約のなかで、最大限の自由を常に追いかけていた。

思いついたらすぐ行動、しくじったらすぐ謝罪

新入社員の頃は組織の中で好きなことをするためにはどうすればよいのかを追求してきたが、早い段階で自分なりの方法論を私は見つけていた。

私が専売公社に入って最初にした仕事は資金係だった。当時、公社全体の売り上げが3兆円くらいあり、その資金を管理、運用する部署に配属されたのだ。

大変な仕事と聞いていたが、電算室の社員に私のやる仕事の手順を説明して、「これをプログラムに書いてよ」と頼み込んで、仕事はコンピュータにやらせるようにした。その結果、思いのほか暇になった。そこで私はちょっとしたイタズラをすることにした。

当時の専売公社は、国に専売納付金という税金を納めるときだけ、資金不足に陥っていた。

その際、大蔵省の資金運用部資金という郵便貯金などを原資にしたお金を約7000億円、7パーセントの金利で借りていたのだが、国庫余裕金を借りれば金利はゼロだった。

そこで「どうして金利ゼロの方から借りないのか」と係長に訊くと、国庫に余裕がないから余裕金がでないのだという。

そこで私は「だったら余裕を作りましょう」と伝えた。

当時は、専売公社の口座も一般会計の口座も、区分計上はされているものの、事実上同じ口座だった。

そこで資金運用部から使うあてのない数千億円を借りてきて口座に入れた。そのタイミングに合わせて「国庫余裕金使用申請書」を提出したところすんなり通ってしまった。

こうして専売公社は金利ゼロの金を手に入れたのだ。

このイタズラは数カ月後に大蔵省にバレてしまうのだが、専売公社は数カ月に渡って無利子の金を使えたわけで、その節約額は数十億円に及んだ。

私と係長は大蔵省の理財局に呼び出されてコテンパに怒られた。

ただ違法行為はしていないので「二度としません」という始末書を書くだけで無罪放免となった。

私には罪悪感はなく、むしろ高揚感に浸っていた。そして、楽しく仕事をするためには、**思いついたらすぐ行動し、しくじったらすぐ謝罪すればよいこと**を学んだのだ。

「俺は森永卓郎が大嫌いなんだ」

社会人になってからの私は、周囲の人からたくさんの刺激を受け、上司からはさまざまな洗礼を受けた。

なかでも私が強烈に影響を受けた人物が二人いる。

一人は私が20代後半の頃に出向していた経済企画庁時代に出会った中名生隆《なかのみょう》という計画官（課長）だ。

赴任してきた彼は部下を集めて「俺がお前達に伝えておきたいことは二つしかない」と話し始めた。

その二つとは、

① 自信のある仕事は締め切りまで自由にやれ。駄目だと思ったら躊躇せず、俺のところに相談に来い。

② 良い情報はすぐに伝えなくていい。しかし悪い情報はすぐにあげろ。

というものだった。

つまり、中名生計画官は自信があることに関しては全面的に仕事を任せてくれたのだ。

そのことによって私は俄然やる気になり、連日午前2時3時まで働くようになった。最後の責任は上司がとってくれるのだから失敗を恐れることもない。

私の思い切った仕事ぶりは、高い評価を受けた。そうなるとますますやる気になるという好循環が始まったのだ。

それにしても中名生計画官の危機管理能力は素晴らしかった。

普段は夜中まで役所に残って、自分の席で、引き出しから取り出したウイスキーを飲んでいた。

だが、ひとたび何かがあると、突然ギアを入れて、どんなときでも適切な指示を出すことを怠らなかった。

その後、中名生氏は、最終的に事務方トップの事務次官にまでのぼり詰めたが、当然の人事評価だったと思う。

もう一人は、2度目の転職先である三和総合研究所で出会った松本和男という当時の創業社長だ。

前職の三井情報開発というシンクタンクは黒字だったが、私が所属していた総合開発部門は利益率が低く、そのことを社長に非難されたため、半数以上の研究員が転職した。

そのなかの一人だった私が転職先として選んだのが、まだ設立したばかりで「荒野」の状態だった三和総合研究所だった。

一方、松本社長は三和銀行での頭取争いに破れ、三和総合研究所に「島流し」にあったという経歴をもっていた。

初対面の時、松本社長は「うちの会社はヒューマニズムに立脚した自由と自己責任を追求することを理念とする」と言った。しかし私には何を言っているのかがわからなかったので、どういう意味かを尋ねた。すると彼は「君達は研究がしたくてここへ来たのだから自由に研究していい。ただし、うちの会社は株式会社だから資本を食いつぶしたらそこでおしまいだ。君達の舞台はなくなる。だから自由に研究することと、金を稼ぐことを両立させてほしい」と答えた。それを受けて「どうやったらそんなことができるんですか」と更なる質問を重ねると、松本社長はキレた。

そしてこう言った。「なんで森永を採用したと思ってるんだ。それを考えるのがお前の仕事だ」。

全面的に仕事を任された私は、研究体制を整え、人事制度改革によって経営陣から人事権と評価権を奪い、完全歩合制、研究員の希望で異動先を決められるという仕組みを導入した。

現在、三和総合研究所は三菱UFJリサーチ&コンサルティング株式会社として、日本一のシンクタンクになった。

松本社長はとっくに引退したが、その後も初期メンバーが定期的に松本邸を訪ねている。

ある時、メンバーの一人が「今度は会社を成功に導いた立役者である森永さんも呼びましょうよ」と提案したところ、松本さんは「森永は絶対に呼んではならない」と答えた。

なぜですかと訊くと、「俺は森永卓郎が大嫌いなんだ」と言い放ったという。

これには心当たりがある。

人事制度改革によって、それまで人事権と評価権で人を動かしていた権力者は力を失った。

収入にしても完全歩合制になったことで研究員が手にする額が増えた。

現に私は社長の何倍もの収入を得るようになっていた。

銀行出身の松本社長には、経営者を経営者とも思わない、上司を上司とも思わない私のような反逆児は許せなかったのだろう。

松本社長ばかりではない。私の退職後、銀行出身者だらけだった経営陣のあいだでは「今後、森永のような人間を決して出してはならない」という教訓が共有されたという。

しかし私は松本社長が「俺は森永が大嫌いなんだ」と言い放ったと知った時、松本和男という人物の偉大さを思い知った気がした。

大嫌いな部下を先頭に立たせることは、普通はできない。

彼は個人的な感情を抑え、会社を伸ばすという一点をみつめていたのだ。その度量には大いに学ぶところがある。

できる人は本質から目をそらさないのだ。

会社にいるのはバカな上司ばかり

それにしても銀行出身の上司には悩まされた。

これは彼らが銀行という組織の中で叩きこまれてきた悪しき習慣に由来する。銀行では権力者が絶対なのだ。

部長の言うことは絶対、本部長の言うことはどんなに理不尽であっても絶対に服従しなくてはいけないという風潮が脈々と受け継がれている。

当時、銀行では部下は上司のたばこの銘柄を把握していて、会議中には上司のたばこの残り本数を数えていた。

上司が最後の一本に火をつけるや否や、自腹で買ってきたたばこのパッケージを開け、箱から一本たばこを引き抜いて「どうぞ」と差し出すための準備を始めるのだ。

こういうわけのわからない慣習を重ねながら出世してきた人間は、部下に理不尽なことを強いるのは当たり前だと思っているのだが、銀行に勤めたことのない私のような人間にとっては、とてつもなく陳腐で、納得がいかないことだった。

しかも松本社長のように優秀な人は一握り。

どこの組織にももれなくバカな上司はいたが、計算尺を使えば高付加価値のレポートが作れると思い込んでいるような頭の古い上司もいた。

既にパソコンが導入されていたので、計算尺などというアナログ式の計算用具を使わなくても1秒で計算できるのに、当時50代だった上司の多くは進化が止まっていたのだ。

そんなシーラカンスのような上司に服従しなければいけないというのは、ストレス以外のなにものでもなかった。

できない目標を押しつけられるというのも日常茶飯事で、当然のごとく部下は「それができたら苦労はいらない」「言うは易しだ、おまえがやれよ」と不満を募らせる。

そんなある日、銀行出身の部長が「俺が見本を見せる」と豪語して営業に繰り出したことがあった。

果たして50万円のプロジェクトを受注してきたのだが、その仕事を実施するためには500万円以上のコストが必要になるのは明らかだった。

結局、私のチームが尻ぬぐいをすることになったが、部長は新規顧客の開拓が成功したことに上機嫌だった。

ただ今にして思えば、そもそも会社組織というのは理不尽な世界なのだ。やっと仕事に慣れてきたと思った矢先に異動を命じられたり、人づきあいが苦手なのに営業回りをさせられたり、仕事中に漫画を読んでいるような同僚が自分より先に出世したりする。

私は専売公社時代に体験した恐怖の日々が忘れられない。

管理調整本部主計課に配属された私は資金係の仕事を経て予算第二係に移ったのだが、そこから始まった1年半は大蔵省（現・財務省）の奴隷と化し、すべての自由を奪われた。

この時期に受けた屈辱と激しい鬱憤が『ザイム真理教』という本を書いた原点となっている。

もちろん私怨を晴らすために出版したわけではない。

自分の一言で思い通りに人が動くという経験を積み重ねた官僚は、自分が全知全能の神だと勘違いしてしまう。そこに『ザイム真理教』の源流があり、延いては国を駄目にしていくという問題を取り上げ、私の「奴隷目線」で見た大蔵省の実体を明るみにしたのだ。

かくして私は会社を辞めた

しかし私は大蔵省の奴隷的存在になっても、銀行出身の経営陣に目の敵にされても、バカな上司に翻弄されても歯を食いしばって耐え抜いた。

社会人になって25年くらいずっと我慢して働いていた。家族を養っていたからだ。それ以外の理由はどこを探してもみつからない。

妻は私という人間を選んで結婚したのだからいいとして、子供は親を選べない。だから子供を食うや食わずにしたり、お金がないから進学できないという目に遭わせてはいけないと思っていた。

よくある話かもしれない。

ただ私には定年を迎えるまで耐え忍ぼうという気はさらさらなかった。

斎藤幸平さんという哲学者から「カール・マルクスの書いた『資本論』という本に、資本主義が行き過ぎると仕事がつまらなくなる、これが一番の資本主義の弊害だという一節がある」という話を聞いた。

私は3分の1のところで挫折して『資本論』を投げ出してしまったので知らなかったのだが、確かにたとえ高収入を得られたとしても、つまらない仕事や、やりたくない仕事を最後まで続ける人生は送るべきではないと、その時私は思った。

しかし自らアクションを起こさなければズルズルとそうなってしまう。


長男の康平が成人した頃、私は50歳近くの年齢になっていた。

そんなある日、三菱UFJリサーチ&コンサルティングの社長と話していたら彼がこう言った。「森永はいつも俺の批判をするが、俺だっておまえ達の給料を払うために一生懸命に考えて働いているんだよ」と。

私はこう言い返した。

「あんた今、おかしなことを言いましたね。研究員が地獄のように働いて、あなたを食わしてるんじゃないですか」。

その3カ月後に私は会社に辞表を提出した。

実はその頃には「物書き」という術を手に入れていた。

28歳で所沢に家を買い、住宅ローンに追われて極貧生活に陥ったことは先に触れたが、食べるのがやっとで親戚や同僚から結婚するとの報せを受けても祝儀を出せなかった。

困った私は、仕事で知り合った編集者に頼んで『省力と自動化』という雑誌にニュース解説記事を1コマ5000円で書かせてもらうことにした。

そのライターの仕事を始めた頃、先輩から「親が死んでも締め切りは厳守」との忠告を受けた。締め切りを守るだけで評価されるからだ。

だから常に20本以上の連載を抱えるようになり、全盛期には40本近い連載を持ったが、これまで穴を開けたことは一度もないし、仕事が途絶えたこともない。

経済アナリストって何ですか？

経済アナリストとして活動するようになったきっかけは、偶然だった。

まだ三和総合研究所に勤めていた時に講談社の人事部から新任副部長研修で講師を務めてもらえないかという話が飛び込んできた。

人数が多いので新任副部長を二つにチーム分けして行うのだという。

つまり私は二度同じ話をすることになるのだが、そうなると、うしろに並ぶ人事部の人達は同じ話を二度聞くことになる。

そこで一度目は「高齢化社会の展望」というテーマで話し、二度目は「高齢化社会の展望」を短く凝縮して、「恋愛経済学」の話を加えることにした。

ライフワークにしていた悪女の研究や、『恋愛と贅沢と資本主義』というドイツの経済学者ヴェルナー・ゾンバルトの名著で仕入れた話を盛り込んで話したところ、これが大いにウケて『小説現代』で講義内容を書いてほしいと『小説現代』の新任副部長に頼まれた。すると次に学芸担当が原稿を膨らませて書籍にしたいと言ってきた。

こうして私の処女作『悪女と紳士の経済学』が出版されたのは1994年。37歳の時だった。遊び心を加えたことが功を奏したのだ。

ガチガチの経済論を打ち出していたら本の出版という話が生まれることはなかっただろう。

『悪女と紳士の経済学』はのちに文庫化されたが、出版当時は初版絶版。つまり売れなかったのだ。

ただ出版業界では話題になっていたので、私のところに連載の話が来るようになり、メディアからの出演依頼が殺到するようになった。

これもまだ三和総合研究所時代のことだが、テレビ神奈川からレギュラー出演の話が舞い込んできた。

最初は三和総研でエコノミストを務める嶋中雄二さんに依頼があったのだが、嶋中さんがテレビでのコメンテーターを引退したいと表明したばかりだったので、嶋中さんの推薦により私が『ZONE』という番組でコメンテーターを務めることになったのだ。

『ZONE』の制作費は政府から出ていたので内容はいたって真面目なものだったが、最後に設けられていた「コメンテーターの今日のまとめ」というコーナーだけは自由に話せた。

そこで私はその日のテーマを男女の話に置き換えて話すことにした。

一般の人には難しい専門用語だらけで複雑な財政の話も、男女の話に置き換えて話せば「なるほど、そういうことか」と腑に落ちる。

これを面白がってくれたディレクターが新しく始まるバラエティー番組に私を呼んでくれたのだが、そこでひと悶着あった。

情報番組ではなくバラエティー番組だということで、三和総合研究所がバラエティー番組では肩書に社名を使ってはならないと言い出したのだ。そこで番組ディレクターがひねり出したのが「経済アナリスト」という肩書だった。

経済アナリストというのは、何の意味も持たない単なる符号なのだが、いまでは

100人以上の人が「経済アナリスト」を名乗っている。彼らは何の仕事をしているのか、私にはよく分からないのだ。

最後まで権力と闘い続ける

「経済アナリスト」としての私は、さまざまなテーマで自分の見解を展開してきたが、一貫して権力と闘うという立ち位置を貫いてきた。当然と言えば当然なのだが、実のところ経済評論家と言われる仕事に就いている人の多くが金融機関や政府の回し者だ。

そのほうが仕事も増えるし、金になるからだ。

私も過去に金融機関から依頼を受けて講演をしたことがあるが、1時間話しただけの講演料が100万円だった。

そんなことをしていたら金融機関に取り込まれ、自由に発言できなくなる。

ただ、わざわざ金融関係の仕事を断る必要はない。本当のことを言うだけで、次の依頼はなくなるからだ。

私は「年金だけで暮らしていけるのだろうか」という不安を抱える人達の立場から論評を繰り返してきたが、同時にそれは官僚や金融業者や権威ある学者といった権力と対立することを意味する。

金融会社はブラックだから気をつけろ、政治家は頭が悪いから国は頼りにならない、政治家と利害関係で結ばれているような学者の言うことを信じちゃいけない。かくなるうえは国民の一人ひとりが危機管理能力を備えるしかないのだと言い続けてきたのだから当然だ。

もちろん私は最後まで権力と闘う覚悟だ。

いつまでできるかわからないが、それだけは決めている。

誰とでもオープンにつきあう

先日会った記者から「森永さんの正義感はどこからくるのですか」と質問されて驚いた。

私は「誰にも忖度しない、正しいと思ったことを好きなようにやる」というポリシーを貫いてきただけで、自分が正義感の強い人間だなどと考えたこともなかったからだ。

ただ咄嗟に父のことを思い出していた。

父は頑固一徹で、絶対に不正は許せない、ヤラセはやってはいけないという信念を新聞記者として持ち続けていた。

父の正義感の強さを象徴するエピソードがある。

ジュネーブから日本に戻ってきて、まだ我が家の生活にも余裕がなく、しかも父の勤務する毎日新聞社が経営危機を迎えていた時期だ。

我が家に明るい話が舞い込んできた。

父が世界的な有名作家の作品の全文翻訳を依頼されたのだ。

大金が入ってくる、これで貧乏から脱出できると家族みんなでホッとしたのだが、それはぬか喜びに終わった。

翻訳原稿をすべて書き終え、編集者とすり合わせをしている時に事件は起きた。

編集方針を巡り編集者と対立した父は、何カ月もかけて書き上げた15センチ以上の厚みのある原稿の束を焼却炉に投げ入れたのだ。

何百万円もの翻訳料は一瞬にして灰になってしまった。

子供は親の背中を見て育つ。

だとすれば正義感にあふれた父を見て育った私が影響を受けていたとしても不思議ではないのだ。

ちなみに私はしぶとい性格なのだが、この諦めない精神はおそらく母譲りだ。

子供時代、どうしても欲しかった高価な捕虫網をデパートで買ってもらったのだが、私は近所の公園で見知らぬ上級生に脅され、捕虫網を奪われてしまった。

その日から母は私を連れて毎日公園に通い、数週間後に上級生から捕虫網を奪い返したのだ。

この時、私は何事も諦めたら終わりだということを学んだ。

母は私のことを溺愛していた。大人になってからも私のことを「たくちゃん」と呼んでいたほどだ。父が仕事でいないことが多かったので、その反動だったのかもしれない。

ただ、とても困ったことがあった。

私に東大へ行けと言い続けたのだ。母の実家は本郷で東大生向けの下宿屋を営んでいた。下宿していた父と出会ったのが二人の馴れ初めなので、母は東大への思い入れが強かったのだろう。

私は医者になりたかった。

だから複数の大学の医学部を受験したが、医学部は一次試験ですべて落ち、母に気兼ねして受けた東大に進学することになった。意図せざる親孝行だった。

私が『ニューステーション』のレギュラーコメンテーターになった時に、一番喜んだのも母だ。テレビに出ただけで偉くなったと勘違いしていたようだが、あれが2度目の親孝行となった。

親孝行の話はともかく、遺伝子は不思議だ。

もしかしたら私が弱者の味方をするのは、海外で体験した人種差別に起因しているのかもしれないが、多くの場合、差別された者は、差別を繰り返す。自分がされて嫌なことを人に強いることで憂さを晴らそうと企むのだ。

ところが私は自分が差別されたからこそ、差別はしないと考えた。

これが父の正義感に触れて芽生えた思想であるなら、それこそが父に感謝すべきことだと思う。

私はどんな人にも平等にオープンであることを心がけてきた。

世の中でどんなに偉いと言われる人に対しても、息子くらい年の離れた人に対しても。経済に詳しい人に対しても、経済に疎い人に対しても。もしも私に褒められる点があるとしたら、博識ぶることも、気取ることもしなかったという一点なのではないだろうか。

オープンだと脇が甘くなってしまいがちだが、それがいじられキャラと認識されれば周囲の人に救われる。

その分、言いたいことを言っても見逃され、お茶の間に受け入れられたのだという気がするのだ。

二人の息子は私の遺伝子をくっきり二分割して受け継いだようだ。

コレクター的遺伝子はＩＴ関連の仕事をしている次男に引き継がれ、私ががんになったのを機にＢ宝館の管理を担ってくれることになった。

長男の康平はコレクションにはまったく理解を示さないが、経済アナリストとして活動している。

昨年末に生死をさまよった時、講演やメディア出演などの仕事の穴埋めの多くを担ってくれたのは康平だった。「世襲」との批判も受けたが世間の評判はよく、今では康平のほうが私より一桁多くメディアに登場している。

私の事業承継という仕事の生前整理は、実に円滑に進んだのだ。

仕事で幸せになる方法

現在、私の名刺の肩書は「獨協大学経済学部教授」だ。

ここに至るまでの流れは少々複雑なのだが、2005年に三菱UFJリサーチ&コンサルティングを辞めた。

メディアからの取材を受けるたびに稟議書を回せと会社に求められたのだが、当時は取材が1日10本ペースだったので、稟議書を回す時間などなかった。

ただその後も客員研究員として無給で会社に07年まで残り、04年から並行して獨協大学経済学部の特任教授に就任し、06年からは正式に経済学部教授になった。

獨協大学で私が学生に教えているのは、「アーティストになろう」ということだ。資本の下僕になるのではなく、一人ひとりがクリエイティビティを発揮しながらアートをつくる。

仕事もアートにする。
そうすれば、みんな幸せに生きられる。

しかし当初は、どうしたらそれが実現できるのか、モリタクイズムをどう叩き込んだらよいのかがわからなかった。

解決の糸口は、すこぶる優秀なゼミの女子学生が一向に内定が取れないという問題に直面したことだった。

大学の成績では、ベストテンに入るほどの彼女が内定が取れない一方で、チャラチャラしていた同級のゼミ生から大手企業の内定を受けたという報告が相次いでいたので、この違いはどこにあるのだろうかと女子学生に面談を持ち掛けた。

なぞはすぐに解けた。彼女は、俯き加減で声も小さく、こちらの質問に対する反応も鈍い。これじゃあ内定は決まらないはずだと思った。

聞けば、緊張すると頭が真っ白になってしまうタイプなのだという。それを受けて私は森永ゼミですべきことは経済論を説くことではない、プレゼンテーション能力を高めることなのだと悟った。

そもそもアカデミズムの世界に進もうという学生はいないのだから、小難しい経済の話をしても無意味なのだ。

それより自分を表現する技術を身に着けることが大切なのだということで、ゼミでの指導を抜本的に変えた。

ゼミのなかで川柳を作ったり、一発芸をしたり、漫才をしたり、モノボケをしたり、いわば吉本興業のNSCのようなことをしている。

必ず滑るが、黙るより滑ろと教え込む。このことによって何事にも動じない強い心が養われ、例えば入社面接で緊張せず実力を発揮できるのはもちろんのこと、社会のあらゆる場面で強い心を武器にして生きていけるのだ。

ただモリタクイズムを叩きこむのには時間がかかる。

2年生の春学期はプレゼンテーション能力向上に集中して取り組むので、ゼミ生が入ってくる4月から半年はどうあっても生きて活動していたいと思った。

2024年は上級生の全面協力で、完全なマンツーマン指導を行って育成したので、過去19年の中で新入生の育成が一番うまくいったと考えている。

ただ、20年近く教員を続けてきて、ようやくわかったことがある。

私の最終目的は、一人ひとりの学生が、独自のクリエイティビティを発揮して、自由に生きられるようにすることなのだが、クリエイティビティそのものを教えることはできないのだ。

教員ができるのは、プレゼンテーションの技術を高め、それを発表する舞台を用意するところまでだ。

実際、私のゼミの3年生には、毎週一人ずつ、１００分間の発表の舞台を用意している。

その時間は、何をテーマに、どんな発表をしてもかまわない。ただ１００分間、他のゼミ生を楽しませることができるように、企画、台本、演出などすべてを自分一人でやらないといけない。

人生のなかで、そうした舞台に立てるチャンスは、そう多くない。

しかし、そこでどれだけのパフォーマンスができるのかは、あくまでも本人の興味と努力にかかっている。

何に興味を持つかは、個人ごとに異なる。外から興味を与えることはできない。興味があれば、努力はあとからついてくる。

この事情は、大人でもまったく同じだ。何をすれば楽しい仕事になるのかは、外からは分からない。

だから、一生続けられる仕事がみつかっていない人は、まずいろいろなことにチャレンジしてみることだ。そうすれば、自分がやりたいことが自ずと見えてくるだろう。

これが私の仕事における終活の全貌だ。

この章の冒頭で書いたように、仕事に関してやり残したことはない。

ただ、願わくはいまの2年生が卒業する2年半後までは彼らを見守りたい。

それが今のモチベーションになっている。

平等にオープンであることを心がけてきた。
もしも私に褒められる点があるとしたら、
博識ぶることも、
気取ることもしなかった
という一点なのではないだろうか。

第5章

人間関係を片付ける

一匹オオカミで生きる

身辺整理の対象となる事柄の中に人間関係も含まれる。

むしろ、最重要の課題かもしれない。

たとえば私のように余命宣告をされた場合、多くの人が親しくしてくれた友人に感謝を伝えておきたい、友人と再会しておきたいと思うのではないだろうか。

あるいは険悪になっている誰かとの関係性を修復しておきたいと考える人もいるだろう。自分にとって大切な人だからこそ気になるのだ。


ただ、私自身に関して言えば、親密な関係性を持つ人はいない。

私には友人が一人もいないのだ。

知り合いは多いが、あえて仲間を作らないようにしてきたからだ。

仲間を作ると自分がスキャンダルを起こしたり、逮捕された時に人を巻き込むことになる。

その逆もあって、仲間の誰かが問題を起こした時に自分が巻き込まれてしまう。さらに、仲間を作るということは、同時に仲間外れを作るということだ。

私は、それがたまらなく嫌なのだ。

誰もが一匹オオカミで生きると決めれば、仲間に入れてもらいたいと人に迎合する必要もないし、仲間外れにされたらどうしようなどとオロオロすることもない。

世の中には「共闘」を好む人のほうがずっと多い。

私のところにも、一緒に活動してほしいとか、選挙に出てほしいという依頼がたくさんくる。

ただ、私はすべてお断りしている。

私の闘い方は、「ゲリラ」だ。

大勢で力を合わせれば、力が強まることは事実だが、その分、組織丸ごとつぶされることもあるし、裏切り者も出てくる。

だから私の役割は、一人で闘い続けることだとずっと信じてやってきた。

仕事はお金でシビアに割り切る

私には仲間はいないが、誰にでも差別なく接してきたという自負はある。自分の心を偽ることなく、いつの時もオープンでいることを心がけてきた。

たとえば私はホームページにアドレスを公開しているので、毎日大量にメールが届く。そのメールに対しては、基本的に一度は返信する。

しかし、二度目に同じ人からメールが来た場合には、一回のメールにつき1万円の料金を請求している。リモートでの相談を希望する人がいれば、知り合いでなくても引き受けるが、その場合は1時間あたり20万円の料金を請求している。いずれも事前振込み制だ。

そこまでして私に相談することなのか？　と問いかけているわけだが、言い方を変えれば、簡単に言ってこないでほしいということだ。

歌手がカラオケでタダで歌ってくれと言われたら怒るだろう。私も経済アナリストを生業とする労働者なのだ。

もとより慈善活動をする気はない。そんな暇もない。ただし高額を出しても私に相談したいという人に対しては誠心誠意向き合うと決めている。

そうした行動に対して、「森永は、とんでもない資本主義者だ」などと批判を受けることもあるが、私は違うと思っている。

例えば、著名な芸能人や評論家と直接話がしたいと申し込んでみてほしい。たいていの場合、あれこれと理屈をつけて、断ってくるはずだ。

私は、お金さえ支払ってくれれば、誰とでも話す。

1時間20万円のトーク料は高いと思われるかもしれないが、いま私は毎月100万円以上の医療費を投じて延命をしているのだから、むしろとても安い料金設定だと考えている。ただ、世間はなぜかタダで私と話ができると思い込んでいる。だから、SNS型投資詐欺にひっかかってしまうのだ。

ＳＮＳ型投資詐欺では、親切な著名人が、無償で投資相談をしてくれて、本も無償で送ってくれる。

冷静に考えたら、そんなことがあるはずがないだろう。おいしい話には罠がある。親切心を装ってあれこれ相談に乗るのは投資詐欺の餌食にしようという企みがあるからだ。

おいしい話に遭遇したら、「なぜ、この人は自分に親切にしてくれるのだろう」「そんなに儲かる話ならなぜ独り占めしようとしないのか」と疑ってかからなければいけない。

ところが、人間は「無料」に弱い。その結果、全財産を詐欺師に奪われることになるのだ。

一方、1回1万円の料金を請求するだけで、99・9パーセントの人は、2回目のメールを自粛する。私のアドバイスで、数千万円の詐欺被害から財産を守ることができても、たった1万円を惜しんで、詐欺師のほうに耳を傾けてしまうのだ。

料金を支払ってでも私に相談をしたい人は、わずかだがいる。

そうした人に対しては、誠心誠意向き合っている。

1万円くらいのコストなら、ちょっとした節約で捻出することは可能だろう。だから、私のやっている料金請求は、本気で話を聞きたいのかを判別する基準にもなっているのだ。

親友をつくってはいけない

ちなみに私にはプライベートでも、つきあっている友人がいない。

唯一、漫画家のやくみつるさんとはコレクションの話で馬が合うので、いわば友達づきあいをしているつもりでいた。

ところがある時、テレビに出ていたやくさんが「僕には一人も友達がいません」と語っていて、私は「ああ、そうなんだ」と思った。それでいいのだと納得した。

話をしていて楽しいと感じれば友達なのかといったら違うだろう。

やくさんとはコレクションの話では盛り上がるが、それはそれだけのことで、やくさんとは、プライベートの連絡を取り合うことは一切ない。だからこそ、純粋に趣味を共有できるのかもしれない。

結局のところ、自分の問題は自分で解決するしかない。

その覚悟がない人が友達を作りたがる。

逆説的に言えば、強く生きるためには友達を作るべきではないと思う。

親友なんてものは絶対に作ってはいけない。

アイツとは互いに理解し合っているなどという発想は人を確実に駄目にする。第一、自分のことを理解しているのは自分だけだ。このことについては、余命宣告を受けていよいよ確信を深めた。

死に向き合うのは孤独な作業だ。私にとっては一人で考える孤独な時間がありがたいのだが、いずれにしても誰かと共有したところで意味がないのだ。

一人で死んでいくことが怖くなってしまうかもしれない。

また、老後生活に入ってから、現役時代の友人関係を引っ張り続けるのも最悪の選択だ。一緒に飲みに行こう、一緒にゴルフに行こうという誘いに応じていると、どんどん老後資金を食いつぶすし、何より自由な時間を奪われてしまうからだ。

その意味で私は、人はどんどん一人になる訓練をしていかなければいけないと思う。もとより人は、一人で生まれて一人で死んでいくのだから。

がんになって変わったこと

仲間も友達もいない私にとっての唯一の人間関係が家族だ。

結婚したのは専売公社時代の1983年、私が25歳、妻が23歳の時だった。入社してすぐに、主計課という予算配分を握る部署に配属されて天狗になっていた私は、関東支社の予算課から「森永さん、忘年会をやるので参加していただけませんか」と誘われた。官官接待というやつだ。その時、思いあがっていた私は「行ってもいいけど、女連れて来いよな」と言った。

果たして関東支社は、予算課に勤める若い女性を連れて来た。それが妻だった。そのため、妻は「私は人身御供にされた」と言い続けた。

私のプロポーズを受けてくれた理由として「怒らないから」というのがあったようだ。確かに私は感情的になって怒ることはない。いや、正確に言えばほとんどない。ここだけ切り取れば善き夫のようだが、妻は「とんでもない！」と言うだろう。

私は究極の仕事人間で、家のことには無関心だった。

二人でいたうちはまだしも、子供ができてからが問題で、ワンオペ育児を強いられた妻は不満を募らせていたのだ。

いつしか妻からは「赤の他人」扱いされ、子供達は「我が家は母子家庭」だと言い始め、合意形成をとられていたこともあった。

テレビに出るようになってからは、人様に批判されるような仕事をしていると認識していたのだろう。家族で外出する時には変装して、しかも時間差で行動するよう指示されていたほどだ。

離婚の危機に直面したこともある。

2006年に私の父が脳出血で半身不随になったことから介護生活が始まったことについては第3章で触れたが、妻の苦労は大変なものだった。

毎朝6時に起きて、父を着替えさせ、歯を磨かせる。トイレは何とか自力で行けたのだが、ちょっとでも躓くと立ち上がれないので目が離せない。

家中に警報ベルを設置していて、夜中に警報ベルが鳴ると「あ、倒れたな」と察して、妻はそのたびに飛び起きて駆けつけていた。

私は何をしていたかと言うと、都内の仕事場で寝泊まりをして、週末にしか家に帰らない生活を続けていた。すべての父の介護が妻に覆いかぶさっていたのだ。

さらに事件が次々と起きた。父は体は不自由でも頭がフル回転だったので、事あるごとに文句を言い続け、妻のストレスは最高潮に達していた。

妻からの訴えを受け、あまりに酷いと感じれば、私の口から父に注意をしてはいたのだが、息子の言うことを素直に聞き入れるような父ではなかった。

そんなある日、「はっきりとしているのは親父の性格が治ることはないということだ」などと言ってしまった一言が妻の怒りを爆発させたのだ。

仕事中に妻から「誰のお父さんでしたっけ」というメールが届き、無視していたわけではないが、目の前の仕事に追われていたところ、「もう離婚するしかない」と通告されてしまったのだ。

そうこうしているうちに父は体調を崩して入院し、その後は施設に入所することになったのだが、妻は毎日、施設に通い続けて父の世話をしてくれた。

「ここまでお父さんのお世話をしてきたのだから、放り出すわけにはいかない」と言っていたのが印象的だった。

私は妻の生真面目さに救われたのだ。

施設に入って2年ほどで父は他界したが、迷惑をかけっぱなしだった父が最後に妻に「ありがとう」と感謝の言葉を口にした。私は妻には頭が上がらないと思った。

さらにここへきて、今度は自分の身の回りのことを妻にしてもらわなければならなくなってしまった。

要介護3に認定された私は、一人で着替えることはできるのだが、とても時間がかかるので、妻に靴下まで履かせてもらっている。

そんな時、「この人と結婚して本当によかったと思う」とメディアで語ったところ、妻がたまたま聴いていて「いい加減にしてよね、外面がいいのにもほどがある」とか言っていたが、外面なんてどうでもいい。本心しか言わないのが私なのだ。

結婚して40年以上になるが、朝から晩まで一緒の時間を過ごすのは初めてだった。一緒にテレビを観たり、スーパーへ同行したりするのが新鮮で、がんになって新婚気分を味わっているかのような日々が続いた。

お金のやりくりは大変

その一方で、こんなにも妻と自分は違う価値観を持っていたのかという発見もあった。たとえば妻は肉が嫌いで、まったく食べない。

私は肉が大好物なので夕食のメニューを巡って揉めるのだ。といっても妻は、私に食欲があるのはいいことで、とにかく食べさせなければいけないと頭が働くのだろう。先日、私が「すき焼きが食べたい」と言った時は、一人用の小さな鍋を二つ買ってきて、私はすき焼き、妻は肉抜きの野菜鍋を作って一緒に食べた。「変な家だよね」と言いながらも、私は妻の配慮に感謝していたのだ。

ただ、今は食事の好み以上に大きな問題を発見したことから、妻とは距離を置くように心がけている。気づいたこととは、「妻は金融リテラシーが欠けている」という事実だ。

結婚した頃の我が家はとても貧しかった。にもかかわらず、妻が「ご近所さんがお金がないないって嘆くんだけど、どうしてそんなにお金が心配なのかな」と言っていたことを思い出した。

長男の康平も「うちは株主優待やクーポン券が使える店にしか外食に連れて行ってくれない」と不満を漏らしていた。

我が家の収入が劇的に増えて、生活に余裕ができたのは、結婚して20年も経ってからだ。

それまで、妻や康平がお金の苦労を感じなかったのは、私が綿密な資金計画を立てて資金繰りをつけ、家計破綻を回避してきたからだ。我が家の家計は、そもそも高級なレストランで外食ができる状態ではなかった。クーポン券を使って外食するだけでも、十分なぜいたくだったのだ。

ただ、私が資金管理をすべて担ったことで、妻は金融に疎くなってしまった。もともと無駄遣いを一切しない人なのだが、それと資金管理ができるかどうかは別問題だ。

このままだと、私が死んだあと、税金の支払いや銀行や証券会社との取引、クレジットカードの管理や、さまざまなネット取引など、すべての金融取引で、妻は行き詰ってしまうだろう。詐欺師に騙されてしまうかもしれない。

だから妻には、とりあえず、すべての事務仕事を丸投げすることにした。

「アレをやっておけ」「自分でやれ」と指図する私に対して、妻は「顎で使われている」「私のことを使用人だと思っている」と怒るのだが、何が真の優しさかと考えた時には心を鬼にするしかない。

妻と距離を置こうと思ったのは、もう一つ理由がある。

私がメディアの世界で一番仲良くしている倉田真由美さんのご主人が、2024年2月に膵臓がんで亡くなった。

くらたまさんは情が深いという点が妻とよく似ている。そのくらたまさんが「夫の使っていた座椅子がどうしても捨てられない。思い出があるから」とネットに書いていた。

彼女の思いは痛いほどわかるのだが、そうしているといつまでも独り立ちができなくなる。

そこで私が死んだあと、妻が一日も早く一人で生きていける状況を作っておかないといけないと思ったのだ。それが私の妻に対する身辺整理だと考えたのだ。

だから私は妻に嫌われようと思った。そうすれば、妻はすぐに立ち直れる。

ただ、正直言って、この身辺整理は、まったくうまく行っていない。

これまでの人生で、私はほぼすべての女性から「キモイ」と言われ続けた。

ただ一人、妻だけがキモイとは言わなかった。

そんな唯一の存在を冷淡に扱うことは、なかなかできないというのが、残念ながら、私が抱える限界なのだ。

初めて家族で花見に行った

人生に起こることは、どんなに悲劇的に思うことでも、必ず「よいこと」とセットになっている。

その意味で人生は非常によくできていると言えるだろう。

私はがんになったが、代わりに家族の絆という宝を引き寄せた。

妻と二人の息子が一致団結して治療法について考え、代わる代わる病室の私に付き添い、見守ってくれた。

桜の木の下で

2023年の年末に「来年の桜は見られないだろう」と医師から言われたが、今年の4月に所沢市にある狭山湖で花見をして、「やったぜ、生きてるぜ」と喜んだ。

家族で花見をしたのは初めてで、満開の桜の下で「こういう人生もいいものだな」と感じていた。

その後、私の病状が安定していることから息子達はそれぞれの日常へと戻って行ったが、それでいいのだ。

彼らは私が死んだあとも、淡々と自分の人生を歩んでいくことだろう。

家族はすべきことはしてくれたと思

う と心が温かくなる。

何ということもない日常の一コマが輝きを放つ。

私が1月に2週間の入院を終え、退院した日は次男が車で家まで送ってくれた。

食欲は戻ったものの、病院食にうんざりしていた私は、車の中で「焼肉と寿司の食べ放題へ行きたい」と騒ぎ始め、これには妻と次男が「何を考えているんだ」と猛反対したが、私は強引に押し切った。

食べ放題がいいと提案はしたが、あくまでも食は細く、ズラリと並んだ肉を横目に自分の皿には小さな肉片を一個だけ取り、カレーも一口、スープも少し、焼きそばは一本か二本口に入れただけだった。

だが、今までで一番幸せな食事だった。

自由の味がしたからだ。

私の役割は、
一人で闘い続けることだと
ずっと信じてやってきた。

第6章

好きなように自由にやる

「もうすぐ死ぬ」という最強カード

私は自由に生きてきた。

とはいえ会社勤めをしていた頃は何かと我慢を強いられ、それでも息子たちが成人するまではと歯を食いしばって我慢した。その反動もあって、20年前にシンクタンクを辞め、経済アナリストとして独立したのが、私の自由の第一ステージだった。

しかし正確に言えば、まだ縛りがあった。テレビで言い過ぎると干されてしまう。国の財政状態についても、真実を知っていたし、財務省の闇についても十分に把握していたが、批判はオブラートに包んでいた。

露骨に追及すれば、自分が干されるだけでは済まない。

当局から圧力がかかり、番組自体が吹き飛んでしまうこともある。いずれにせよ、テレビ局の関係者にも多大な迷惑がかかることは火を見るより明らかだ。

そこで「ある程度ははみ出す」というギリギリのところでやっていこうと心がけて

いたのだ。

私が『ニューステーション』でコメンテーターを務めていたのは、2000年から2004年にかけてだった。当時はメディア全体が反権力というスタンスを持っていたし、なかでも『ニュースステーション』は消費税引き上げに徹底抗戦するなど、反財務省路線をとっていた。

ところが、得体の知れない圧力によって、『ニュースステーション』は、番組がつぶされた。

また、メディアの人間がどんどんサラリーマン化していき、テレビ局や大手出版社の社員は、自分たちが得ている好待遇を守ることを優先するようになってしまった。


昔は新聞社などでは記者が24時間体制で取り組んでいたが、今は休日を確保したい、普通の暮らしがしたいと主張する。

メディアの人間が普通の暮らしをしてどうするのだと思う私が古いのかもしれないが、2年くらい前に、あるテレビ局のプロデューサーが「これからは本当のことを言うコメンテーターは一切使わない」と宣言をしたと聞いた時は、開いた口がふさがらなかった。「ある程度ははみ出す」ことも許されなくなったメディア界に私は限界を感じていたのだ。

時を同じくして、私は65歳になり公的年金を受給することにした。これですべての仕事を失っても食うには困らないという状況を迎え、私の自由は第二ステージに突入し、「完全にはみ出す」ことを厭わなくなった。

そうして書き始めたのが、『ザイム真理教』であり、『書いてはいけない』だったのだ。

そして今、私はがんになったことで、自由の第三ステージを迎えている。余命宣告を受けていることを公表する前に『書いてはいけない』を出版していたら、私は逮捕されていたか、最悪、暗殺されていたかもしれない。

事実、テレビメディアの世界からは抹殺されたが、暗殺者から見逃されているのは、おそらく私が「もうすぐ死ぬ」という最強のカードを持っているからだ。

放っておいても死ぬ人間をわざわざリスクを冒してまで殺す必要はないと誰もが思うだろう。

かくして私は「言いたい放題」「書きたい放題」という完全なる自由を獲得している。ただ国民を扇動しようという気はない。真実を知った人が何を感じ、どんな行動に出るのかは、それこそ自由なのだ。私は一般庶民が知りようのなかったことを明るみに出して、人々に判断材料を提供しているに過ぎない。

誰もが真実を知る権利がある。そうでなければ正しく判断することも、真に覚悟を決めることもできないのだ。

一部の人間だけが極めて重要なことを把握していて、国民を自分達の都合のいいように操作しようという体制はゆがんでいる。

フェアーじゃない。多くのジャーナリストがそう思っているに違いないのだが、私がそうであったように、これからも生きていくことを思えば怯む。

その結果、権力に加担しなければ誠意があるほうだと考えて、ギリギリの線を行く。つまり、死を目前にした人間でなければできないことがあるということだ。

余命宣告を受け、完全なる自由を獲得した私に果たせることは、まだまだ残されていると感じている。

24時間、やりたいことはすぐにやる

別にジャーナリストでなくても、老後は誰でも自由を獲得できるようになる。退職して初めて迎えた元旦に愕然としたという話を聞いたことがある。昨年に比べて届いた年賀状が10分の1に減ったというのだ。

私は当たり前のことじゃないかと思った。仕事つながりの人間は仕事の幕を閉じれば離れていく。そこに虚しさを感じるなんてバカバカしい。

それより浮世の義理から卒業したと捉えたほうがいい。

そして仕事から離れ、本当にやりたいことをするために24時間、365日を使える喜びに浸るべきだ。自由を謳歌すべきなのだ。

現役中の人には、食べていくための仕事の他に、お金にはならずとも自分が好きな仕事を持つことを勧めたい。

仕事に限らず、趣味でもいい、ボランティアでもいい。一つの世界しかないというところから脱出すれば、人は自由を味わえる。

私にとって経済アナリストという仕事は、必ずしも本業ではない。単にカネが稼げている仕事になっているだけだ。それはそれでありがたいことなのだが、他にもやっている仕事はたくさんあって、それらの仕事はお金になっていないだけなのだ。

私は学生に「夢を持ってはいけない」と言い続けている。いつか叶うといいなと描く夢は、ほとんど実現しない。

持つべきものは夢ではなく、課題（タスク）だ。やりたいことはすぐにやる。そして毎日1ミリでも前進する。それがゴールに近づく最短経路なのだ。

歌人として生きていきたい

まったく知られていないが、私は歌人もしている。

あるテレビ番組で女流歌人と共演したのがきっかけで歌を詠むことに目覚めたのだ。普段、経済というギラギラした分野で仕事をしていた私は、女流歌人との会話を通じて彼女の瑞々しい感性に強く惹かれた。

季節の香り、子供の元気な声、空の色、人の儚さ……。そんなことは考えたこともなかった私にとって、彼女との出会いは衝撃的だった。女流歌人の歌に感動した私は、次の瞬間、自分も歌人になりたいと思った。

それからというもの、折に触れて歌を詠むようになったが、誰も相手にしてくれなかった。しかし2018年にNHKの短歌の番組にゲストとして呼ばれたのだ。歌人デビューの絶好のチャンスを逃す手はないと、私は前のめりになって司会者に「歌人として生きていきたいんですけど」と打ち明けた。

だが司会者に「森永さん、いま短歌の世界で、短歌でご飯が食べられているのは、俵万智さん一人しかいないんですよ」と言われた。だからいま私は二人目を目指している。『プレバト!!』という番組で夏井いつき先生のファンになって以来、俳句にもハマっている。『プレバト!!』に出て夏井先生への恋の句を書いて先生の逆鱗に触れ、笑いを取るというプランを練っているが、未だにお呼びがかからない。

笑福亭鶴光師匠に弟子入りする

落語家としては笑福亭呂光という立派な名前を持っている。

ニッポン放送の笑福亭鶴光師匠の番組に、私が2003年の半年間レギュラー出演していた『ショウアップナイターニュース』というラジオ番組の宣伝のために押しかけた時、師匠から「アスパラガスとかけてなんと解く」となぞかけを出題された。私は咄嗟に「乳頭と解きます」と答えた。

その心は「マヨネーズをかけると美味しく食べられます」。これが師匠に気に入られ、なんと私は弟子入りを許されたのだ。

「乳頭なぞかけ」を得意技としていることから笑福亭呂光。ショウフクテエロコウと名前の中に「エロ」がある。しかし残念ながら「乳頭なぞかけ」のニーズは低く、ラジオ番組のイベントで時折披露するだけで、落語家としての活動はパッとしない。

歌手として舞台に立つ

歌手として私はこれまでに、中野サンプラザやよみうりホール、日比谷公園の野外ステージなどの大きな舞台にも立っている。歌は好きだが上手くはない。上手くはないが音痴というほどでもない。

とにかく歌うことが好きなのだからと歌手を目指すことにした。

15年くらい前にカラオケルームでデモテープを作り、マネージャーに頼んでレコード会社に持ち込んでもらったのだ。

箸にも棒にもかからなかったが、かくなるうえはとラジオのイベントで歌わせてもらうことにした。

昨年は東京国際フォーラムで4000人のお客さんを前に、沢田研二さんの「TO

KIO」と、少年隊の「仮面舞踏会」と、髙橋真梨子さんの「for you…」を歌った。あんなに気持ちよかったことはない。

今年の7月にもニッポン放送の70周年記念イベントで、「ホワイトバタフライズ」というユニットを結成している垣花正アナウンサーと「モリタクマーチ」を歌ったばかりだ。楽しくて、気づけばがんのことなど忘れて熱唱していた。

ホワイトバタフライズ

写真を撮るワクワク感を楽しむ

カメラをやり始めたのは高校時代だ。撮り続けているうちに、日経BPの雑誌で巻頭グラビアを担当するというチャンスにも恵まれたが、視点がマニアック過ぎたのかリストラされてしまった。しかしその後もカメラ熱は冷めず、2004年に『ミニカーからすべてを学んだ』という本を出版した時には、一晩で800台の撮影をした。取材にもデジタルカメラを持ち歩き、出張では少なくとも一日に150枚くらい撮っていた。もはや質より量の世界なのだ。

写真エージェンシーから写真を借りると高いので、空とか建物とか公共施設といった目につくものを手当たり次第に撮って、安く貸し出すことを思いつき、ひたすらに撮りためていたのだ。たぶんお蔵入りになると思うが、それはそれで構わない。

レンズを覗きながらシャッターを切る瞬間のワクワク感を存分に楽しんだ、それだけで満足なのだ。

モリオというペンネームで童話作家に

モリオ。これが童話作家としての私のペンネームだ。

名づけ親は林真理子さん。私のラジオに林さんをお招きした際、童話を書いているという話をしたところ、「どんどんお書きなさい」という言葉と共にペンネームを授けてくださったのだ。プロとして認められたわけではないが、認められたような気がして妙に嬉しかったのを覚えている。童話を書きたいと思ったのは、経済の本を何冊出しても売れるのは最初の数カ月だけだと虚しさを覚えたからだ。

もっとも経済の話は旬のネタを求められるので腐りやすいという性質がある。しかし童話なら経済の話であっても普遍的なテーマを取り上げることができるということで、打倒イソップを掲げて、新しい寓話を創作することにした。

ところが経済の本はいくらでも企画が通るのに、童話を書きたいと伝えると編集者の顔が曇る。

いいところまで進んでも出版にこぎつけずに頓挫するといったことを繰り返していた。そこで、当時連載していた神戸新聞の記事を強引に童話化してみたのだが、一回で連載は打ち切りになってしまった。次に自分の経済に関する本のあとがきを童話にしたのだが、一向に話題にならない。

しかし私は次なる手を思いついた。『がん闘病日記』（発行・三五館シンシャ、発売・フォレスト出版）に渾身の自信作『星の砂』を含めた6作を載せてほしいと頼んだのだ。

そして再び閃いた。本書でも新作寓話を紹介しようと。

自画自賛だが、『クラゲとペンギン』は実にいい話だと思っている。

こうした努力が実を結び、いま私の絵本は出版に向けて着々と準備が進んでいる。67歳にして絵本作家デビューは近いのだ。

クラゲとペンギン

文……森永卓郎　絵……前島花音

「ペンギンさん、なぜそんな一生懸命泳いでいるの？」

「食べるためには、仕方がないじゃないか」

「そんなことないよ。ボクなんか、
潮の流れに身を任せているだけで、
食べ物は向こうからやってくるんだ。
そんなに必死に働くのは、みっともないよ」。

バク！！！！

クラゲは、あっと言う間に、
ペンギンの胃袋のなかに飲み込まれてしまいました。

誰もが真実を知る権利がある。
そうでなければ
正しく判断することも、
真に覚悟を決めることもできないのだ。

第7章／人は死んだらどうなるのか

私の死生観

最後の章になるここでは、どういう最期を迎えたいかについて触れてほしいと編集者に言われた。

実は、死生観については、その人がどのような宗教観を持っているのかによって、大きく異なってくる。だから、以下で書くことは読者の共感を得にくいのではないかと思うのだが、人生そのものの身辺整理は、とても大切なので、私自身の死生観をきちんと書いておこうと思う。私は、人は死んだら元の木阿弥、完全に世界から消えると考えている。だから、神様はいないし、死後の世界もない。当然、極楽浄土も地獄もない。あるのは、「現世」の命だけだ。

私がそう考えるようになったのは、大学に入った18歳の時に、笠原一男教授による「日本史」の授業を受けたことだった。

笠原教授の授業は、1年間の通年講義だったが、一貫して宗教論だった。しかも、親鸞に始まって、日蓮で終わるというほとんど時代が進行しない授業だった。

笠原教授の授業で一番強調されたテーマは、なぜ日本で生まれた宗教が、
①古代から封建への転換期に生まれた浄土真宗や日蓮宗などの鎌倉仏教
②封建から明治維新を経て近代への転換期に生まれた天理教や金光教などの新宗教
③近代から太平洋戦争を経て現代への転換期に生まれた新興宗教
の3つに集中しているのかということだった。

その理由として笠原教授は、時代の転換期には社会が大混乱に陥り、一般国民がみんな生活に苦しんだ歴史を語る。新しい宗教の創始者たちは、苦しんでいる国民をみて、どうやったら救えるのかを真剣に追求する。

そして、救済の方法として、選んだのが信者たちを騙すということだった。

たとえば鎌倉仏教の場合は「念仏を唱えなさい。そうするだけで、あの世で幸せになれる」と説いた。

もちろんあの世なんて存在しないことは分かっているし、念仏を唱えても何の効果もないことも分かっている。ただ、信者たちがその嘘を信じることによって、胸に希

望を抱え、一番大切な現世を前向きに生きることができるようになる。

それが「悟りを開く」ということなのだと笠原教授は説いていた。

私にとって笠原教授の授業内容は深く心に沁みた。

神も仏も存在しない、人間は死んだらお終い、元の木阿弥となり何も残らないということが、私がそれまで抱いてきたすべての疑問を氷解させた。それどころか、私は18歳にして、悟りを開いてしまったのだ。この宗教観は、私の死生観を普通の人とは大きく異なるものにした。神も仏もあの世も存在しないのだから、宗教的な活動は一切無意味ということになる。私自身が「教祖」になったのだから、他の宗教に依存する必要はまったくない。

私は死ぬことが怖くない。元の木阿弥となり何も残らないのなら、葬儀を行うことに意味はない、戒名も位牌もいらない、仏壇もいらない、お墓もいらない、遺影もいらない。遺骨はゴミと一緒に捨ててもらって構わないし、家族にもそのことは伝えている。私が死んだ時、どうしてもあいさつに来たい人は、B宝館を訪ねてほしい。ライザップのCMをやったときに作った等身大看板があるので、それを遺影代わりに拝んでくれれば、気持ちは収まるだろう。

ただ、私のこの死生観は、多くの人には、受け入れがたいかもしれない。先日、義母が介護施設に入所することになり、家の仏壇も処分することになった。

私は、妻に「粗大ごみ」で出せばと提案したが、妻は拒否した。きちんと魂抜きをして、お焚き上げをしてもらわないといけないと言うのだ。結局、妻の意見どおりにしたのだが、私の提案通りにすれば、魂抜きにかかった数万円の費用は不要だった。葬式をやめたり、墓をやめれば、数百万円のコストが節約できる。問題は、残される家族が、どう判断するかにかかっていて、死んでいく本人には一切関係のないことなのだ。

私にできるのは生きている間、なるべく周囲の人達に迷惑をかけないように暮らすことだけだ。といって特別なことをする必要も、無理をすることもない。

最後まで淡々と暮らしたい。いつも通り「おはよう」と言ってパソコンの前に座り、「行ってきます!」と言って仕事に出かけ、笑顔で楽しく過ごしたい。

そして、その時が来たら「ありがとう」と伝えて、潔く旅立ちたいと思う。

私は死ぬことが怖くない。
元の木阿弥となり何も残らないのなら、
葬儀を行うことに意味はない、
戒名も位牌もいらない、
仏壇もいらない、
お墓もいらない、
遺影もいらない。

あとがき　遺言

身辺整理をして改めて思ったのは、生きていくうえで大切なモノは金では買えないということだ。

こんなことを言うと上から目線の嫌味なやつだと思われてしまうかもしれないが、もしも私が「人生で一番大事なモノは何か？」と訊かれたら「教養」と即答する。教養は英語で「リベラル・アーツ」。つまり教養とは自由に生きるための技術のことで、学問的な知識があるとかないとかいう話ではない。

幸せに生きるためには、暮らしに役立つ知恵を備えていることが大切だと私は伝えたいのだ。

たとえば休日にテーマパークへ行けば、誰でも楽しめる。

楽しめるように作られているのだから当然だ。

それに一日楽しもうと思ったら一人1万円くらいかかる。

これが海へ行こう、山へ行こうと考え、大自然の中へ出かければ無料だ。

ただし大自然の中で休日を過ごすことに楽しさを見出せるかどうかは、その人の教養次第。寄せては返す波を眺めていれば心が癒されることや、山頂から眺める雄大な景色から力を与えられることを知っているかどうか。

空に浮かぶ雲の名前、美しい声で鳴く鳥の名前、珍しい昆虫の名前、季節の植物の名前を知っているかどうか。

あるいは、どこに湧水があるのか、どこへ行けば釣りができるのかなどを知らなければ、大自然を満喫することはできない。

教養があれば、その教養を慕って多くの人が周囲に集まり、コミュニケーションが生まれるし、コミュニケーションが脳の退化を防ぐことにもつながるだろう。

脳の健康を損なう最大の要因はストレスだという説もあるので、ストレスのない暮らしを心がける必要がある。

そのために有効な人づきあいの術もまた、社会経験の中で培ったコミュニケーション能力という教養のなせる業だといえるだろう。

教養があれば、潤沢な金がなくても人生を思いのままに楽しむことができるのだ。

私は2018年から農業を始めた。当初は群馬県昭和村にある「あぐりーむ昭和」という道の駅が持つ畑の一部を借りて、プロ農家のサポートを得ながら作物を作っていた。だが、コロナによって群馬県へ行くのが難しくな

畑のキュウリ

った。

困惑していたところ、妻が近所の農家に頼んで30坪の耕作放棄された農地を借りる段取りをつけて来てくれた。

そこを鍬一本で開墾し、石灰や堆肥を入れて、苗を植え、種を蒔くところから一人で行ったのだが、その年は半分くらいしか収穫できなかった。

農業は知的な作業だと痛感した。

思うようにいかない、だから試行錯誤をする。

その結果、教養が身につき上達していくのだ。

翌年には60坪に畑を増やして、トマトやきゅうりや茄子など20種類以上の野菜とスイカやメロンまで作り始めて上手くいった。

それまでスーパーで買っていた野菜を買う必要がなくなっただけでなく、それよりはるかにおいしく健康的な作物が手に入るようになったのだ。

私の感覚では、日当たりさえよければ、20坪ほどの農地で家族全員が食べる量は十分に収穫できる。

しかも私にとって農作業はすこぶる楽しいものだった。

自分で育てる野菜は可愛い。収穫期には大きな達成感を得ることができる。周囲の人達に配れば感謝され、収穫の喜びは倍増する。

それだけではない。農作業をしていると、人生哲学に通じる学びがたくさんあるのだ。

たとえば自分の農地では何を作るのかを全部自分で決める。

上手く育てることができなかったとしても自己責任だ。

人生も同じ。何でも自分の意志で決

2024年は、体力の衰えで畑に行けていないので、花壇にサツマイモを植えた。

めて、何があっても自己責任で生きるという覚悟があれば、恐れるものは何もない。

そればかりか上手く行かないことさえも楽しむことができるのだ。

人生は思うようにならないことの連続なのだから、ピンチはチャンスとばかりに楽しむ術を知れば人生は最強になるのだ。塩梅を知るというのも教養だ。

現在、私は高額医療によって命を金で買っている。

そのために金は必要だといえるのだが、もっと延命したいと考えて、そのためにもっと金を増やそうという発想を抱くと、詐欺などにひっかかり、すべてを失うことにもなりかねない。

金は少しずつでもいいから積み重ねて残しておくというのが鉄則なのだ。

本書の中にも書いているが、投資で老後資金を増やそうなどという考えは手放し、**暮らし方を今ある蓄えに沿わせてスリム化することを考えたほうがいい。**

特に高齢者は余計なことをしないに限る。

昭和を生きた世代の人は精神性が強く、頑張り抜いてきたという自負がある。

そういう人は年を取って体力に自信がなくなると精神性の強さに合わせて体力を取

り戻そうと考えがちだが、無理は祟る。

本来は自分の体力が老化現象によって衰えていることを潔く受け入れ、今の体力に合わせて精神性のほうを落としていくべきなのだ。

そうすれば楽になる。

老後の暮らしも同様に、いかにのんびりと楽しく、心豊かに暮らせるかをテーマに据え、投資などという危険な賭けに挑んで、ヒヤヒヤしたり、ヒリヒリしたりする人生は回避するのが賢明だ。


株価というのは、本来の価値はゼロなのだが、なぜ値段がついているのかと言ったら資本主義の宿命であるバブルが起きているからだ。

今は100年に一度のバブルが続いている。しかしバブルはいつか必ず弾ける時がくる。2年から3年以内というのが私の見立てだ。

多くの人が株価は下がっても再び上昇する時が来るから長い目で見れば損はないと考えているが、それは資本主義社会だったからだ。

バブルがはじけ、資本主義が終われば二度と株価が持ち直すことはない。

資本主義の父と呼ばれる思想家カール・マルクスは、資本主義の限界は4つの点で現れると示唆している。

1　許容できないほどの格差社会になる

2　地球環境が破壊される

3　少子化が止まらなくなる

4　ブルシット・ジョブ、つまりクソどうでもいい仕事ばかりになって、人々が仕事に生き甲斐を見出せなくなる

現代社会はもういっぱいいっぱいのところまで来ているのだ。

しかしこのことを誰も言わない。

だから本書の最後にハッキリと伝え、僭越ながら、経済アナリスト森永卓郎の遺言としたい。

私は医師から今の療法で延命できたとしても、せいぜい半年と通告されたのだが、命がいつ尽きるのかは誰にもわからない。

半年と言われていても明日死ぬかもしれないし、10年生きるかもしれない。いずれにしても未来予想などアテにせず、今を生きることに専念するしかないのだ。

当然のことながら、煙草は医者から禁じられているのだが、吸いたいのに吸えないとストレスをためるよりマシだという気持ちもあって気にせずに吸っている。

この至福の時間を最後まで確保したい。

私の描く理想の最期は、沖縄の誰もいないビーチで、深く紫煙を吸い込み、肺細胞の一つひとつで味わって、「実に充実した人生だった」と言いながら、そのままこと切れることだ。

先日、そのシミュレーションで、実際に沖縄を訪ねた。

どうやら、私の描く最期は、実現できそうだ。

煙草を吸いながら死んでいきたい

身辺整理《しんぺんせいり》
死《し》ぬまでにやること

2024年10月15日　初版第1刷発行
2025年 4月10日　　　第7刷発行

著　者　森永卓郎《もりながたくろう》

発行者　笹田大治

発行所　株式会社興陽館
〒113-0024 東京都文京区西片1−17−8 KSビル
TEL 03-5840-7820
FAX 03-5840-7954
URL https://www.koyokan.co.jp

構　成　丸山あかね
ブックデザイン　原田恵都子(Harada+Harada)
イラスト　大嶋奈都子
童話イラスト　前島花音
校　正　新名哲明
編集補助　飯島和歌子　木村英津子
編集・編集人　本田道生
DTP　有限会社天龍社
印　刷　恵友印刷株式会社
製　本　ナショナル製本協同組合

ISBN978-4-87723-331-0 C0095

興陽館の本